RET 1976

CATALOGUE

DES

Antiquités Égyptiennes

RECUEILLIES DANS LES

FOUILLES DE KOPTOS

en 1910 et 1911

Exposées au Musée Guimet de Lyon

PAR

Adolphe REINACH

ANCIEN MEMBRE DE L'ÉCOLE FRANÇAISE D'ATHÈNES

CHALON-SUR-SAONE

IMPRIMERIE FRANÇAISE ET ORIENTALE E. BERTRAND

5, RUE DES TONNELIERS, 5

1913

CATALOGUE

DES

ANTIQUITÉS ÉGYPTIENNES

2651

DE KOPTOS

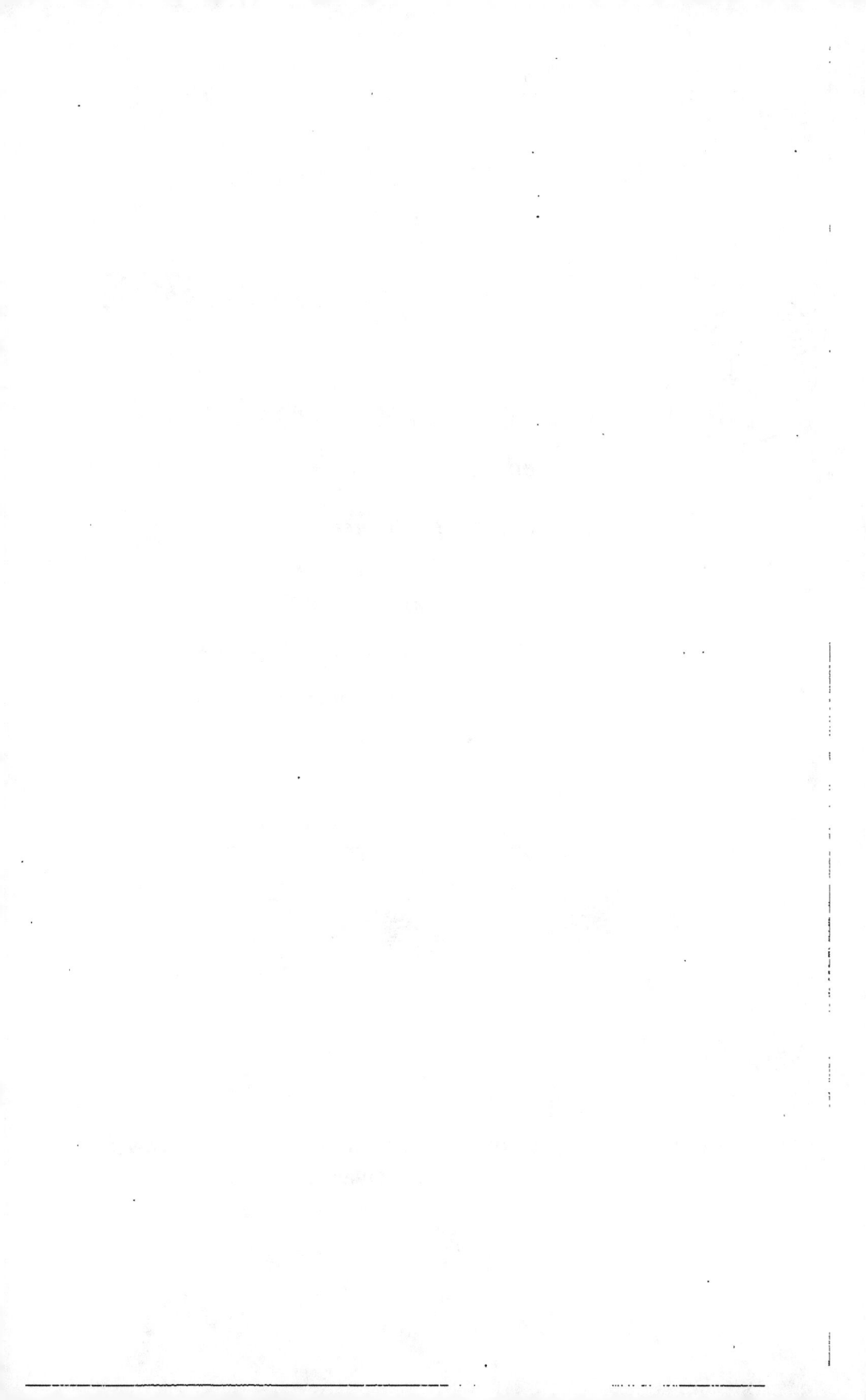

CATALOGUE

DES

Antiquités Égyptiennes

RECUEILLIES DANS LES

FOUILLES DE KOPTOS

en 1910 et 1911

Exposées au Musée Guimet de Lyon

PAR

Adolphe REINACH

ANCIEN MEMBRE DE L'ÉCOLE FRANÇAISE D'ATHÈNES

CHALON-SUR-SAONE

IMPRIMERIE FRANÇAISE ET ORIENTALE E. BERTRAND

5, RUE DES TONNELIERS, 5

—

1913

VUE GÉNÉRALE

(Les photographies qui ont servi à illustrer ce volume ont été
tirées par M. B. Fayolle, gardien chef.)

AVANT-PROPOS

———

Ce Catalogue comprend la meilleure partie des antiquités égyptiennes recueillies à Koptos (Kouft en Η Égypte), dans les deux campagnes de fouilles que j'y ai menées au nom de la Société des Fouilles Archéologiques : en janvier-février 1910 avec le concours du capitaine R. Weill, en janvier-février 1911 avec celui de l'architecte A. Martinaud.

Sauf une trentaine de grandes pièces retenues par le Musée du Caire — notamment les huit stèles de la VIᵉ dynastie qui ne sont représentées ici que par un 9ᵉ petit spécimen (cf. p. 69) — sauf un pilier en granit sculpté de Thotmès III et quelques sculptures coptes offertes au Louvre (cf. p. 52), sauf encore une cinquantaine de terre-cuites gardées par l'auteur du présent Catalogue, la totalité des objets trouvés dans les fouilles qui ont pu être rapportés a été réunie dans cette salle.

1

L'arrangement qui l'a rendu possible est dû
à l'heureuse initiative de M. E. Guimet — qui
avait manifesté dès l'origine son intérêt pour
nos fouilles — et il a été facilité par le concours
libéral que la Municipalité de Lyon nous a
prêté sur la proposition de M. E. Herriot. C'est
un agréable devoir pour nous que d'adresser ici
à MM. Guimet et Herriot tous nos remerciements ainsi qu'à tous ceux, entrepreneurs, ou-
vriers et gardiens¹, dont le concours nous a été
précieux dans l'œuvre laborieuse qu'ont fait de
notre exposition le poids des grands blocs et
le nombre des petites pièces².

*
* *

Nous n'avons pas à rappeler ici les raisons
qui nous ont fait choisir le site de Koptos, bien
qu'il eut déjà été partiellement exploré par
Flinders Petrie en 1893 et affreusement dévasté
par les chercheurs de *sebakh*. On a montré
ailleurs l'intérêt exceptionnel que présente cette

---

1. Je suis heureux d'ajouter ici mes remerciements à
M. A. Moret, conservateur du Musée Guimet de Paris, qui a
bien voulu vérifier les lectures hiéroglyphiques.

2. Sans compter les blocs du Mur de Sésostris, on a exposé
85 pierres sculptées ou inscrites (36 grandes sur les murs ou sur
des bases séparées, 49 moyennes sur les épis) et environ
2.000 petites pièces dans les vitrines (dont au moins 1.500 terre-
cuites).

place située sur la rive droite du Nil, à l'endroit où le fleuve se rapproche le plus de la Mer Rouge; depuis les premières dynasties jusqu'à l'époque copte, elle a été le débouché sur le Nil de la route la plus courte entre l'Arabie et l'Égypte. Malheureusement, ce que les fouilles nous ont livré jusqu'ici, ne contribue guère à éclairer ce rôle d'entrepôt du commerce de l'Orient, rôle qui eut été le meilleur titre pour le transfert à Lyon des antiquités de cette lointaine devancière qu'elle a eu à certains égards en Koptos. Les pièces rapportées sont très disparates et s'espacent à travers plus de trente siècles: aussi, dans la manière de les exposer comme dans la manière de les présenter dans ce Catalogue, c'est comme un aperçu sur certaines formes de l'art, de l'industrie et des croyances de l'Égypte à travers les siècles que nous avons cherché à donner[1].

1. Notre description est divisée en *Grandes Pièces* (pierres placées sur les murs et sur des socles indépendants, numérotées de 1 à 36), *Pièces Moyennes* (pierres placées sur les épis, numérotées spécialement pour chaque panneau, 1-12 sur l'épi I A, 1-17 sur l'épi II A, 1-20 sur l'épi II B: 8 d'entre elles ne proviennent pas des collections que j'ai rapportées), *Petites Pièces* (dans les vitrines hautes 1-VI et les vitrines plates I-II où les numéros donnés sont ceux de nos Inventaires mss; I et II précédant le chiffre arabe indiquent s'il s'agit de la 1re ou de la 2me campagne de fouilles). Quand nous avons eu l'occasion de

Ce n'est donc pas un pur Catalogue scienti-
fique, destiné aux spécialistes, que l'on trouvera
ici. Nous aurons l'occasion de donner de nos
trouvailles une description méthodique, con-
forme à tous les *desiderata* de la science, dans
l'ouvrage d'ensemble que nous espérons consa-
crer à Koptos. Il a semblé préférable de présenter ici une description rédigée de façon que
tout esprit cultivé pourra y prendre intérêt ;
nous avons évité les termes techniques et les
discussions spéciales et nous espérons avoir mis
assez de clarté dans ce Catalogue pour que
visiteurs et lecteurs ne se trouvent point dé-
routés ou rebutés ainsi qu'il n'arrive que trop
souvent devant les collections égyptologiques.

Désireux de permettre en même temps aux
spécialistes d'utiliser dores et déjà les matériaux
provenant de nos fouilles, j'ai ajouté, en petits
caractères ou en notes, les indications dont ils
peuvent avoir besoin. Une illustration, qui a

mentionner une pièce dans les *Rapports* que nous avons consa-
crés à chacune de nos campagnes, — extraits du *Bulletin de la
Société française des Fouilles Archéologiques*, chez Leroux, 1910
et 1911, — nous y avons renvoyé de même, I désignant le *Rap-
port* de 1910, II celui de 1911. — Une centaine de photographies et une dizaine de plaques en couleur ont été exposées
pour permettre de se faire une idée plus vivante des ruines et
des fouilles de Koptos.

été faite aussi abondante qu'il nous a été loisible, contribuera, nous l'espérons, à ce que, tout modeste qu'il soit, ce petit Catalogue rende service tant aux spécialistes de l'égyptologie qu'à tous ceux qui s'intéressent à la plus ancienne des civilisations méditerranéennes.

Pour finir ce trop long préambule, formulons l'espoir qu'il nous soit donné de reconnaître le bon accueil que nos collections ont reçu à Lyon. au Musée Guimet, en les enrichissant bientôt du fruit de nouvelles recherches.

Adolphe REINACH.

Lyon, 10 mai 1913.

Note. — La plupart des pièces décrites proviennent de six emplacements; on trouvera dans nos *Rapports* tous les détails sur la nature des ruines qui ont été mises au jour. Nous n'indiquons ici que les noms sous lesquels ils seront désignés ainsi que l'époque sur laquelle se disséminent les pièces qui y ont été recueillies.

1. Grand Temple avec quatre pylônes : des Sésostris de la XII⁰ dynastie aux Empereurs romains du I⁰ siècle.
2. Temple du Centre avec un pylône : de Thotmès III de la XVIII⁰ dynastie à Néron, puis détruit et transformé en réduit fortifié au III⁰ siècle, enfin couvert de petites maisons à l'époque copte.
3. Temple du Sud avec un pylône . de Nektanébo I⁰ à Claude.
4. Eglises du Nord-Ouest : construites avec des débris de monuments gréco-égyptiens divers, surtout avec ceux d'un temple élevé par Cléopâtre et Césarion.
5. Butte du Sud-Est : butte de décombres où ont été recueillies la plupart de nos figurines gréco-romaines.
6. Butte du Sud : maison des Palmyréniens et un petit nombre de figurines.

ANTIQUITÉS DE KOPTOS

LES GRANDES PIÈCES

Au centre se succèdent les pièces, 29, 23, 36 et 33 :

29. Un des chapiteaux à feuilles d'acanthe de la Basilique chrétienne, taillé grossièrement dans les blocs de granit rouge qui formaient le *naos* du Grand Temple. A la partie supérieure se voient encore les restes d'un des tableaux qui décoraient ce *naos* : 4 personnages (2 complets) d'une file de prisonniers marqués chacun au cartouche de sa cité.

H. 0,61 — Diam. 0,49. *Rapports*, I, p. 22. Sur ce *naos*, voir ci-dessous p. 31.

Autel en granit rose à mica noir

33. Au milieu de cette section, on a placé un autel en granit rose de forme sensiblement trapézoïdale : au sommet, pour imiter plus complètement un *naos*, s'arrondit une corniche à double bandeau et à tore;

au milieu d'une des corniches se détache le disque
solaire flanqué des uraeus ; au-dessous, sous un autre
disque à uraeus s'allonge, en une fine colonne d'hiéroglyphes, la titulature de Ptolémée II Philadelphe
qui s'achève au cartouche de sa sœur-épouse Arsinoé,
placé en travers. La titulature verticale est :

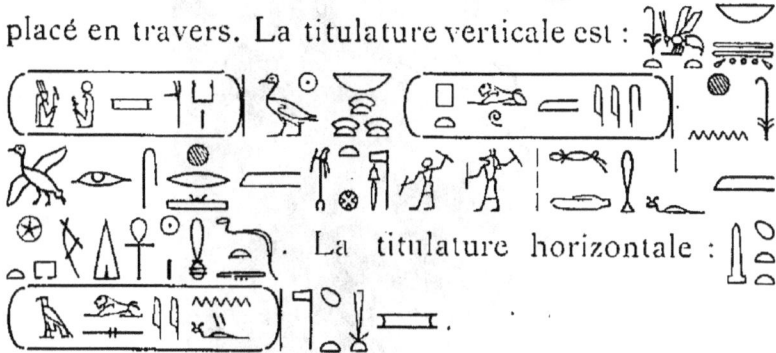

. La titulature horizontale :

.

Voici la signification de ce texte :

« Le roi du Sud et du Nord, seigneur des deux
terres, Ouserkarâ Meriamon, fils du Soleil, seigneur
des Couronnes, Ptloumis, aimé de Khonsou qui fait
les destinées dans Thèbes, le dieu grand qui repousse
les ennemis et qui consacre Sa Majesté dans le Douaït,
doué de vie comme Râ, à jamais. La fille d'Amon
Arsinif, fille du dieu (Ptolémée divinisé), aimant son
frère (Philadelphe). » (*fig.* 2)

Trouvé dans les matériaux réemployés à l'Eglise de
l'Ouest. — H. 1,15 (dont 0,14 pour la corniche) — L. de
la face inscrite 0,77 (à la base). 0,63 au sommet) — L. des
faces latérales 0,92 (à la base), 0,79 (au sommet). Cet autel
était probablement destiné à porter une barque sacrée.

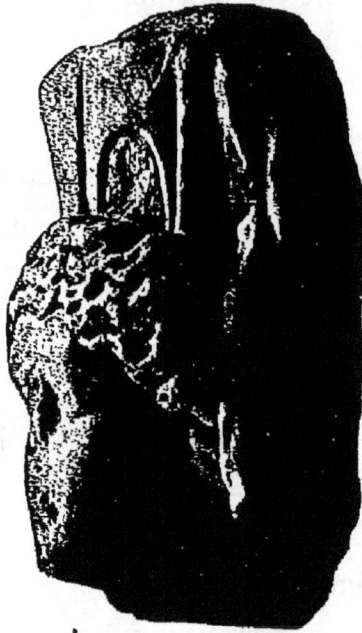

1. — Le Tyché de la cité

36. Tête de femme dont la couronne murale indique qu'elle figurait la *Tyché* ou *Fortune* d'une ville (prov. d'Oxyrhynchos, la ville du Fayoum célèbre par les papyrus qu'on y a recueillis) (*fig. 1*).

Calcaire. Grandeur naturelle. H. 0.41 dont 0,12 pour la couronne d'où un voile retombe en arrière sur les cheveux ondulés. Sans doute du Ier s. ap. J.-C.

21. Statue assise en calcaire. La tête et le devant des jambes sont brisés; les deux pans de la perruque et la barbe postiche descendent sur la poitrine; les

1.

2. — Autel de Ptolémée II

mains s'allongent sur les genoux. Au côté du siège, une inscription grecque, très mutilée, apprend que la statue est celle de l'empereur Commode (180-92). La mutilation de l'inscription ainsi que celle de la statue doivent s'expliquer par la condamnation de la mémoire de l'Empereur, décrétée par le Sénat après sa mort (*fig. 3*).

H. 1,50 — Ep. 0,51 (au siège, haut de 0,70). — Temple du Centre. *Rapports*, I, p. 11.

23. Un bloc d'angle en calcaire provenant des constructions des Saïtes (XXV\ :superscript: e dyn.)dans le Grand Temple. Sur une face, haut d'une tête d'Amon; sur l'autre, haut du nom de Psammétique I (663-609) comme roi de Haute et de Basse-Égypte, *Ouah-ab-râ* 𓉾𓏏 ⟮☉𓀭▓⟯, entre deux chaînes d'*ankhdadou*, signes de vie et de stabilité.

H. 0,38 — L. 0,50 — Ep. 0,45. Restes de peinture rouge et bleue. Déjà vu par Fl. Petrie, *Koptos*, pl. XXVI, 1.

22. Torse d'une statue assise en granite rouge, brisée sous la ceinture; la tête, dont il ne reste que les oreilles, portait la longue barbe postiche et était coiffée du *pschent*; derrière, sur le pilastre d'appui, le haut du cartouche de Ramsès VI ☉𓀀𓍿 . La position était la même que dans la statue 21 placée en face, postérieure de quinze siècles (*fig. 4*).

H. 0,90 — Ep. 0,35 (à la ceinture). — Grand Temple. *Rapports*, II, p. 13.

3. — Statue de l'empereur Commode

A la face externe du pilier contre lequel est appuyé 21 :

19. Jambage d'une porte de chapelle ptolémaïque. Au-dessus des fleurs symboliques qui garnissent le

4. — Torse de Ramsès VI

bas, se superposent trois tableaux montrant le roi
en adoration devant différentes divinités : Osiris, Isis,
Harpocrate. Sur la face gauche, 2 colonnes d'hiéroglyphes.

H. 1,76. — L. 0,36. — Ep. 0,27. — Temple d'Harpocrate.
Rapports, I, p. 21.

*De l'autre côté de ce pilier et en face, deux statues en
calcaire d'époque romaine se font vis-à-vis.*

17. L'une est drapée dans une toge à la façon des
statues de magistrats ou d'orateurs. Le bras gauche
est allongé, une *mappa* à la main, le bras droit replié
dans la toge (H. 1,60; tête et pieds manquent) (*fig.* 5).

10. L'autre a plutôt l'attitude habituelle pour les
officiers, la jambe gauche légèrement en avant; la
main gauche venait se poser sur la poitrine (H. 1,30,
tête et bas des jambes manquent) (*fig.* 6).

Les deux statues sont dressées dans le dos pour être
adossées à des piliers ou à des tombes. — *Rapports*,
I, p. 21.

*A côté de cette dernière statue, on a placé le seul
fragment qui fut transportable des vastes dalles formant
le plafond zodiacal du Grand Temple.*

18. La pièce exposée représente une des barques
solaires cheminant à travers le champ des étoiles; on
voit, dans la barque, sous un baldaquin formant chapelle, le dieu *Khepra*, qui doit son nom au scarabée,

5. — Romain en toge

symbole du soleil, qui le surmonte; devant lui, les
déesses Hathor et Mâït; derrière lui, Horus à tête

6. — Romain en costume militaire

d'épervier; un scarabée ailé vole au-dessus. — Lors

de la découverte, les traces de peinture rouge (le
scarabée, les chairs, etc), bleue (le fond), jaune (les
étoiles) étaient encore visibles.

H. 1,20 — L. 0,05 — Ep. 0.25. — *Rapports*, II, p. 13.
On peut voir, au cadre VII, les photographies des deux
pièces les plus belles de ce plafond que leurs dimensions
— de 3 à 5 m. — ont obligé à laisser là où elles ont été
dégagées : 55, le Bélier suivi par une déesse dans un ciel
constellé ; 56, Cynocéphale accroupi devant Horus dans le
disque solaire ; plus haut, un registre d'*uraeus*. — Ce
plafond zodiacal devait être celui du *pronaos*, comme
au temple de Dendérah, qui fut achevé du temps de Caligula à celui de Néron.

On a placé au-dessus :

20. Dédicace d'un puits faite sous l'invocation d'Isis
par « Appollôdoros, parent (du roi, titre de noblesse)
épistratège (vice-roi de Thébaïde) et stratège du nome
Diopolite (Gouverneur de Diospolis — Thèbes) » et par
son frère « parent et stratège pour les mers Rouge et
Indienne », sans doute en 109/8 av.

Rapports, I, p. 45 ; *Revue Épigraphique*, 1913, p. 112.

Au milieu du mur contigu :

33. Restes de deux grandes stèles ptolémaïques
disposées en 4 colonnes, relatives au culte d'Osiris-
Ounnofir, de Hor-Khouti (Horus de l'Horizon) et de
Geb (Kronos pour les Grecs, père d'Osiris). Ces stèles
encadraient une porte dans le Temple du Centre, la

partie inférieure (*a*) au sud, la partie supérieure
(*b* et *c*) au nord. Sur les tranches opposées, restes
de la titulature de Ptolémée II.

Les deux stèles avaient même largeur : 0,72 sur 0,36 d'é-
paisseur : de *a* il reste le bas, haut de 0,94; de *b-c* une
partie médiane, haute de 0,60. — *Rapports*, I, p. 5.

De part et d'autre on a disposé :

34. Pierres qui formaient le registre supérieur de la
paroi sud-ouest d'une tombe d'époque gréco-romaine.
Ces pierres étaient ornées de peintures très fines ;
encore nettes lors de la découverte, elles ont été
irréparablement détériorées pendant le transport. On
y distinguait trois scènes : le mort non momifié
s'avance vers Osiris (?) à couronne rouge suivi des
déesses Mâït et Sechmet à tête de lion (à dr.) ;
le mort offre une table chargée de fruits à Osiris
muni de la mitre, du rochet et du fléau, vêtu du
maillot et d'un manteau avec vautour aux ailes
éployées sur chaque bras et escorté des mêmes déesses
(à g.); la même scène suivait avec cette différence
que c'est un *dadou* — colonne osiriaque — que le mort
y présente. Au-dessus, s'allongeait une frise formée du
signe mystique en forme de quille ☥ appelé *khaker*.

La longueur totale était de 3,90. Il en manque ici
une portion de 1 mètre. — *Rapports*, II, p. 14.

35. Sur la moitié droite on a placé un bloc dont la forme suggère l'idée qu'il aurait pu faire partie d'une statue colossale du dieu Mîn ; il proviendrait du haut des jambes figurées dans une gaîne et aurait été retravaillé pour être réemployé dans un mur du Grand Temple à l'époque gréco-romaine.

Calcaire. H. 0,39 — L. 0,51 — Ep. 0,41.

Les deux bases longues qui déterminent l'entrée propre de la salle de Koptos portent :

7. — Lion formant gouttière

A gauche :

24. Un lion couché formant gouttière. L'eau, menée par un canal dans la cavité creusée dans son corps, s'écoulait entre ses pattes. La partie supérieure du muffle était taillée dans un deuxième bloc formant couvercle. On connaît des gouttières semblables sous

l'Ancien Empire (déjà à Abousir, V^e dyn.) et aux grands temples gréco-romains de Dendérah et d'Ombos (*fig. 7*).

Calcaire H. 1,34 — L. 0,50 — Ep. 0,49 (dont 0,21 sur 0,18 pour le canal). Grand Temple. *Rapports*, II, p. 13.

A droite :

25. Partie supérieure de la base d'une statue. C'était celle de l'empereur Antonin, comme l'apprend l'inscription grecque qui signifie : « A l'Empereur César Titus Aelius Hadrianus Antoninus Pius, le Sauveur et le Bienfaiteur du monde, la cité ».

D'après les traces des pieds qui se voient à la surface, il devait s'agir d'une statue colossale en bronze.

La face dr., montrant une portion d'un tableau où Isis était debout derrière l'autel de Mîn, nous apprend que la base avait été taillée dans un des blocs sculptés du Grand Temple dont la ruine devait donc être dès lors commencée. Une inscription de Koptos mentionne précisément des restaurations sous Antonin.

Grès. H. 0,64 — L. 1,18 — Ep. 0,77. — Pylône Nord du Grand Temple. *Rapports*, II, p. 11.

26-8. *Sur ce socle, on a placé provisoirement trois pièces d'angle :*

26. La plus grande montre Néron (*Niroun Kloutis* et *Kisrs-nt-Khou*)

coiffé des plumes d'Amon en adoration devant Mîn suivi d'Osiris. Les creux étaient remplis de stuc peint en rouge, bleu et jaune; la pièce paraît avoir été renversée pour servir comme base à plinthe placée devant une colonne (d'où l'échancrure circulaire).

La pièce a été trouvée avec trois autres du même ensemble (voir photo 50, cadre VII) dans une petite Chapelle de la cour du Grand Temple. — H. 0,34 — L. 0,62 — Ep. 0,55. *Rapports*, II, p. 10.

27. Au-dessus, pièce de meilleur style où un Empereur, à cornes et plumes d'Amon, présente à un dieu le Sphinx de Haute et de Basse-Égypte; sur l'autre face, 3 col. d'hiéroglyphes en relief.

H. 0,21 — L. 0,53 — Ep. 0,40.

28. De l'autre côté, autre pièce dont un côté est orné d'hiéroglyphes semblables et l'autre d'un cartouche au nom de *Germanicus* (Néron ?)

H. 0,29 — L. 0,46 — Ep. 0,40.

29-31. Les socles 29-31 supportent chacun un élément d'une colonne de type différent.

30. Tambour en calcaire, sculpté en creux. L'empereur Claude (*Gloutis Qermeniqes*) en adoration devant deux divinités à tête de crocodile (Sovkou) sur une moitié; sur l'autre, le même devant Amon et Khonsou.

H. 0,52 — Diam. 0,55. *Rapports*, I, p. 5.

31. Tambour en grès sculpté en relief. Le roi présentant la déesse Mâït, symbole de vérité, à Thot ibiocéphale suivi d'Isis, sur une moitié; sur l'autre, le même roi faisant la même offrande à Mîn ithyphallique suivi d'Isis.

H. o,3o — Diam. o,56.

Contre le mur de droite on a placé deux autels :

32. Base d'autel à deux divinités affrontées : serpents à jambes humaines., sans doute *Neheb-kau*, divinité du monde infernal (*fig. 8*).

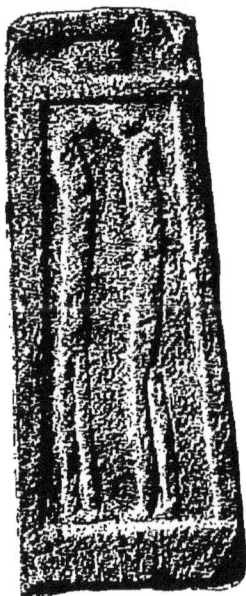

Calcaire H. o,70 — L. o,24 — Ep. o,3o. Pour cette représentation divine très rare, voir Lanzone, *Diz. di Mitol. eg.* III, pl. CLXXII.

12. Autel à dédicace grecque : « Claudia Isidôra, pour le salut de Claudia Alexandra sa sœur, sous le règne de l'empereur Domitien, le dédie à Kronos, dieu très grand ». Les Grecs paraissent avoir rendu par Kronos

8. — Autel du dieu-serpent

(Saturne) le Geb égyptien, père du couple d'Osiris-Isis, comme Kronos était le père du couple Zeus-

Héra. Le culte de Geb à Koptos est attesté notamment par la stèle 33 (p. 17).

Grès. — H. 0,80 — L. 0,21 — Ep. 0,38. *Rapports*, I, p. 34.

On se dirigera jusqu'au fond de la salle qu'occupe

LE MUR DE SÉSOSTRIS (*fig.* 9)[1]

1-14. Les blocs sculptés en creux qui sont encastrés dans ce mur ont été trouvés dans les fondations d'une joue de Pylône d'époque romaine (voir p. 37). Ces fondations, formées de 6 assises d'énormes blocs, atteignaient une épaisseur de plus de 4 mètres. Sur les 46 blocs dont elles étaient formées, dont 44 en calcaire (pour les 2 en granit, voir p. 36), 13 (sans compter les menus fragments) se sont trouvés ornés de sculptures. On eut bientôt fait de reconnaître que ces sculptures provenaient d'un même ensemble, ensemble dont Flinders Petrie avait déjà trouvé quelques pièces; le style était le même et les cartouches portaient de même le nom de ⟨▭⟩ Senousrit (ou Oursirtasen) (5 c) et le prénom de ⟨▭⟩ Kheper-Ka-Râ (2 b et 6 b); le temple qu'ornaient ces sculptures avait donc été construit par le premier de ces Pharaons conquérants de la XIIe dynastie dont les Grecs ont fait Sésostris Il fut décidé de transporter les blocs pour essayer de reconstituer un pan de mur de

1. La figure ne donne que la partie centrale.

o. — Le mur de Sésostris

ce temple. C'est cette reconstitution qu'on a sous
les yeux. Malheureusement, les blocs étaient d'une
telle épaisseur (o ᵐ 8o en moyenne) qu'on ne pouvait les transporter qu'en en détachant sur place
la partie postérieure, et la scie et le ciseau, maniés par
des artisans locaux, dans un calcaire tendre, pénétré
d'eau et fendillé de toutes parts, ont causé des cassures
déplorables que les difficultés du transport n'ont pas
laissé d'aggraver. Le modelé s'est effacé et les détails
incisés à l'intérieur des figures se sont trop souvent
effrités; bien entendu, les traces de peinture qui, lors
de la découverte, subsistaient encore très nettement
dans les hiéroglyphes de 6 et 7 (bleu, rouge, jaune)
ont disparu; on ne distingue plus que du rouge au
mollet du roi en 2 e; mais cette indication suffit à faire
voir que les figures étaient rehaussées de couleurs vives.

D'autre part, la reconstitution a dû se conformer aux
dimensions du seul mur de notre salle contre lequel
elle pouvait être tentée. Ce n'est donc pas la disposition réelle de ces blocs dans un des murs sculptés
du temple de Senousrit qu'on a pu rétablir ici; mais,
tout approximative que soit la reconstitution, elle
n'en présente pas moins un ensemble presque unique dans les Musées égyptiens d'Europe.

Des 13 blocs dont on a parlé, 10 appartenaient
certainement à un même ensemble. Cet ensemble
comprenait : au milieu, une série de personnages divins et royaux de grandeur inférieure d'un quart à la

2

grandeur naturelle, séparés et surmontés par leurs titulatures (B), une double bande d'hiéroglyphes sous les pieds de ces personnages (C), une procession d'enseignes s'élevant au-dessus de leurs têtes (A). Décrivons ces trois registres.

A. Les deux blocs à enseignes (6 *a-b* et 7) qui nous sont parvenus proviennent de deux processions dirigées en sens contraire (6 — le bloc de droite — montre des figures légèrement plus petites que 7). Les porteurs des enseignes devaient se trouver au niveau des personnages divins et royaux, mais à leur suite. Si ces blocs ne se voyaient donc évidemment pas dans l'original au-dessus des personnages au-dessus desquels nous avons dû les placer, ils devaient se trouver à la même hauteur relative. Les enseignes sont probablement celles de trois nomes de la Haute Egypte, les nomes 17, 2 et 12 (?) : ⟨hieroglyph⟩ le lévrier précédé de l'uraeus est l'enseigne d'Anpou-Anubis (Kynopolis); ⟨hieroglyph⟩ le faucon précédé de la plume, celle de Horhoudit (Apollinopolis Magna); ⟨hieroglyph⟩ la plume dans le signe des montagnes (?) pourrait être celle d'Antaeopolis, (à moins d'y voir le reliquaire d'Osiris, qui sert d'enseigne à Abydos, le 8ᵉ nome).

Au-dessus des enseignes, le signe du ciel ⟨hieroglyph⟩ s'allongeait; ces sculptures se placent donc bien au haut des tableaux; les enseignes paraissent avoir été encadrées par des sceptres à tête de coucoufa. l'*ousir* ⟨hieroglyph⟩, symbole de force, et par le disque ailé, symbole du soleil ⟨⟩ (8 et 9).

B. Nous avons ici une partie du registre qui montrait le roi présenté aux dieux ou leur faisant des offrandes. Au milieu, le Pharaon (dont une partie a disparu dans la cassure qui sépare les deux blocs : il n'est pas certain que le front diadêmé qu'on lui a attribué lui appartienne[1]) donnant la main droite à un dieu à figure humaine et sans attributs qui le suit, la main gauche à Horus hiéracocéphale qui le précède et se retourne vers lui : ces dieux présentent Senousrit à Isis qui, vêtue de la tunique collante à brassière, coiffée du vautour et de l'uraeus, tient d'une main le sceptre lotiforme, de l'autre l'*ânkh* ♀, croix de vie (*3 a-b-c*, *4 a-b*, *5 a-b-c*). On a placé derrière, sans qu'on puisse savoir à quelle distance elle se trouvait en réalité, une autre Isis tenant l'*ankh* et le sceptre *ousir*, tournée en sens contraire, qui recevait l'hommage du Pharaon : vêtu d'un pagne godronné dont la ceinture retombe par devant en un pan flottant, il offre à la

---

1. Avec cette pièce le Pharaon aurait mesuré 1,15 ainsi que Horus. Les deux personnages qui les encadrent seraient plus grands, Isis avec 1,19, l'autre avec 1,29, vu l'impossibilité de faire jointoyer les blocs lèvre à lèvre. La tête à uraeus dont on s'est servi pour compléter le corps de ce dernier personnage ne lui appartenait pas en réalité. Ce qu'on peut prendre pour l'uraeus du diadème pourrait d'ailleurs être aussi bien le signe ⟨⟩ faisant partie du mot « paroles à dire » dans le début d'une légende.

déesse un gâteau de farine en forme de pain de sucre
(2 *a-b-c-d-e-f-g-h*). Les traces qui subsistaient à
gauche du bloc (4 *b*) ne pouvant appartenir qu'à un
Mîn, suivi de l'autel-hutte, (le plus ancien emblème
de ce dieu), on a pu placer au-dessus un fr. (4 *c*) con-
tenant des restes d'une tête de Mîn coiffé du mortier
(on a ajouté les plumes d'autruche qui ne pouvaient
manquer de le surmonter) et tenant le fléau. Comme
un Pharaon devait être figuré en adoration devant lui,
on a réuni à sa gauche les trois fr. qui se rapportent
à un personnage marchant vers la droite: une coiffure,
d'ailleurs singulière (peut-être celle d'Anoukit), (*14 d*),
un bras ployé, trouvé dans des fondations différentes,
voisines mais perpendiculaires à celles du Pylône
(*14 b*; voir p. suiv. n. 1); le Pharaon précédé par un
autre personnage qui le mène par la main(*11*); ce
Pharaon n'est pas vêtu, comme dans le grand tableau,
d'un simple pagne à festons; son vêtement est plus
ample et, plissé par devant, il y forme un pan qui se
termine par une barrette ornée de sept uraeus.

Quoi qu'il en soit, un heureux hasard nous a conservé sur ce registre le roi Senousrit en présence des
trois divinités à qui était consacré le Grand Temple de Koptos, Mîn, Isis et Horus. Comme d'autres
blocs, semblables d'époque et de style aux nôtres,
ont été trouvés sur l'emplacement de ce Grand Temple,
réemployés lors de sa reconstruction par les Ptolémées, il y a lieu de croire que c'est de ce temple que

proviennent nos blocs. Peut-être étaient-ils encore en partie visibles à l'époque ptolémaïque. On remarque, en effet, sur 3, des graffites, un Mîn derrière Horus, un crocodile (ou phallus sur pattes?) au-dessus d'Isis, qui ne peuvent guère avoir été tracés qu'alors et que dans ces conditions.

C. Des blocs où étaient figurés les pieds, on n'a retrouvé qu'une pièce (1) montrant quatre pieds provenant de trois personnages, les deux de gauche marchant vers la droite, celui de droite s'avançant à leur rencontre. Comme c'est à peu près la position des personnages du groupe de Senousrit (sauf que Horus devait s'avancer vers la droite) on a cru pouvoir, à titre d'indication, placer ce fragment au-dessous, à la distance voulue[1]. Deux autres fragments (2 f et 3 b) montrant chacun un pied, ont pu être ajustés sous nos deux Isis, l'art égyptien figurant souvent cette déesse les pieds rigoureusement joints. Quant à la seule pièce qui nous soit parvenue avec la portion des

---

1. C'est aussi à titre d'indication qu'un bloc présentant 2 bandes d'hiéroglyphes de même grandeur que ceux de 1, mais de facture différente (et surmontés non de pieds, mais de vestiges de 3 l. en très petits caractères), a été placé à sa gauche (14 a). Ce bloc (52 Inv.) a été trouvé dans un radier perpendiculaire à notre pylône ainsi que 14 b placé sur l'épi en face (51 Inv.) et que 10 placé sur l'épi I b (53 Inv.). Au moment de la découverte, 52 était un peu plus complet : on reconnaissait notamment à droite de la ligne inférieure une portion du Hor-noub indiquant qu'il fallait voir dans la suite le début du nom d'Horus d'or de Ramsès II : *Ousir-renpout* [ou *ȝa nekhtou*].

2.

jambes qui manque entre le genou et le pied, elle provient de deux personnages masculins (le sexe ressort de la queue de renard qu'on voit pendre derrière la jambe postérieure) qui se tournaient le dos; comme aucun des nôtres ne se présente ainsi, il a fallu placer ce bloc à l'écart (*10*).

Au-dessus de ce bloc et à l'extrémité droite du mur, on a superposé deux pièces (*12, 13*) dont la facture, sensiblement différente, indique qu'elles faisaient partie d'un autre ensemble dans le même temple ou, du moins, de registres plus petits ainsi que le bloc *11* qu'on a vu à l'extrémité opposée. Le bloc *12* semble avoir représenté un Pharaon dans une attitude semblable à celle du bloc *11*, mais il provient d'un registre encore plus petit (*12* appartient à un personnage moins grand de 1/6 que ceux du tableau central; *12* a des figures de moitié plus petites que *11*).

La dimension de la couronne double qu'on voit sur *13* permet, par contre, de rattacher cette pièce au même registre que *11*. La colonne de signes qui s'allonge à droite de cette couronne est d'un haut intérêt: ⎰. C'est en effet une date; elle se lit ainsi (sur la pierre, de haut en bas) : « an 19, mois 4 de Shaït (saison de l'inondation), jour 10 », Senousrit I ayant régné au plus tard de 1980 à 1940, c'est environ novembre 1961. Telle est donc la date à laquelle a été élevé le temple dont proviennent ces sculptures.

Sous le n° *15*, on a réuni une trentaine de menus fragments surtout hiéroglyphiques dont la place n'a pu être déterminée. Ceux qui ont quelque intérêt artistique sont exposés dans la vitrine I (notamment une main de déesse tenant un ânkh, une oie, une chouette, le haut d'un cartouche de [Kheper-Ka]-Râ) ; les autres ont été placés dans un dépôt.

Sur le lieu de la découverte, cf. *Rapports*, I, 12. Les photographies des deux principales pièces (1-2) trouvées par Flinders Petrie réemployées dans les parties ptolémaïques du Grand Temple sont exposées sur le panneau A de l'épi I (13-14). Ce sont : 1. Amenemhat I, le père de Senousrit I, suivi de son double portant son nom d'Horus, devant Mîn. — 2. Senousrit I dansant devant Mîn. C'est d'après cette scène qu'il faut sans doute reconstituer le Mîn qui se dresse à gauche de notre mur. — 3. La tête d'un autre Mîn suivi, non de l'autel-hutte comme 2, mais de l'autel aux arbres. — 4. Tête et torse d'une Isis. — 5. Un Nome apportant des présents.

Ces pièces peuvent contribuer à faire comprendre tout ce qui manque pour pouvoir tenter une reconstitution certaine. Les lignes que nous avons fait inciser dans le plâtre, par M. L. Marocco, n'ont eu pour objet que de fournir les compléments dont on peut être sûr et de donner une idée de la façon dont les pièces retrouvées pouvaient se raccorder. Au reste, dans le cadre I sur l'épi I-*A*, on trouvera les 12 clichés pris après l'ouverture des caisses qui contenaient les blocs et avant toute tentative de reconstitution : les pièces portent les numéros sous lesquels elles sont désignées dans la description précédente. On a placé à côté une photographie d'ensemble (15) prise après la réédification du mur et avant le crépissage au plâtre de Paris des parties intermédiaires [1].

Du mur de Sésostris on se tournera vers le

GRAND SOUBASSEMENT

Ce soubassement et le mur à la base duquel il s'allonge ont reçu quelques spécimens des différents systèmes de décoration en relief usités dans les temples de Koptos.

4. Le relief peint placé au milieu appartient à la re- construction du Grand Temple due à Thotmès III. Il re- présente le Pharaon tenant l'*ânkh* dans la droite, et levant la gauche vers le support (qu'il saisissait sans doute) d'une statue de Mîn qu'un petit personnage porte devant lui ; entre eux, l'*ânkh* à bras humains ; derrière Thotmès, dos d'un personnage qui est sans doute encore le Pharaon, mais coiffé différemment.

Quand cette pièce a été trouvée, réemployée dans des fondations ptolémaïques, elle conservait, sous l'enduit dont elle avait été revêtue, des teintes vives comme le montre

1. Cette description était rédigée quand on s'est aperçu qu'on possédait dans les fragments des éléments mieux adaptés que *14 b* pour être placés en regard du Mîn : un reste d'épaule con- venant à un roi en adoration et quelques débris qui donnent, à la distance voulue, la même rainure verticale. On les a mis dans le mur, en place de *14 b* qui a été posé en face contre l'épi I A.

En même temps, on a encastré quatre fragments, qu'on a ap- pelés *7 a-d*, entre 7 et 6 ; d'après la disposition et la dimension des hiéroglyphes, ils devaient provenir de ce registre.

la photographie en couleur; le transport l'a brisée suivant une fente préexistante et détériorée; en dehors de la photographie, on pourra se faire une idée des teintes originelles par la pièce d'angle appartenant à la même série exposée dans la vitrine I (p. 66).

Grès. H. 0,79. — L. 0,98. — Ep. 0,31.

On a trouvé deux autres reliefs en grès de la même finesse de dessin et de la même délicatesse de coloris : l'un d'eux portant les cartouches de Thotmès III, l'identification n'est pas douteuse (Thotmès III a régné environ de 1480 à 1450 av. J.-C.).

2, 3, 5. Les pièces en calcaire à incision et en grès à relief 2, 3 et 5 paraissent provenir d'un petit temple élevé à la triade de Koptos (où Harpocrate remplace Horus et prédomine), par Cléopâtre VII Philopator — la grande Cléopâtre— et son fils et co-régent nominal Ptolémée XV, dit Césarion, qui ont également orné de belles sculptures le temple du Sud (voir : photos, cadre III).

Né en 47, légitimé fils de César et roi d'Egypte par Antoine en 33, Césarion fut mis à mort par Octave en 30. L'association au trône du fils de César remonte au moins à 44 (voir l'inscription *Or. gr. inscr. sel. 197*) : c'est donc à partir de ce moment qu'on a pu élever ce temple où la prépondérance du fils d'Isis était une façon d'hommage envers le fils de Cléopâtre.

Le temple était peut-être un de ces petits sanctuaires dits « temple de la Naissance », destinés à commémorer la naissance divine du roi. Ce qu'on a pu reconstituer de ce temple à Koptos, à l'aide d'une cinquantaine de pièces sculptées réemployées dans les édifices de culte chrétien, présente de remarquables analogies avec le « temple de la naissance » élevé à Hermonthis au nom de Cléopâtre et de Césarion. Ce *mamisi* montrait Cléopâtre, « la divine mère de Râ », donnant le jour à Horus Césarion.

2-3. Deux blocs en calcaire très compact. Il a présenté la plus grande résistance à la sculpture : par suite, l'incision y est sans profondeur et le modelé presque inexistant. Moins que dans tous les autres reliefs de l'époque gréco-romaine, on ne saurait donc y chercher des portraits : il y a peut-être un essai de ressemblance dans les reliefs plus soignés qui peuvent représenter Césarion et Cléopâtre sur l'épi I·b (*fig. 10*).

2. Le roi, couronné du *khopresh*, tend d'une main le hochet, de l'autre le sistre hathoriens à Isis qui tient le sceptre *ousir*.

L. 1,43 — H. 0,43 — Ep. 0,48.

3. Le roi, coiffé du bandeau *meh*, tend d'une main une bandelette sacrée, de l'autre, un vase à encens à Harpocrate muni du fléau et du crochet d'Osiris, que suit Isis.

L. 1,30 — H. 0,42 — Ep. 0,19 (a été retaillé pour le transport).

5. Un bloc en grès tendre sculpté en relief.

·Tête d'Hathor surmontée du sistre émergeant au milieu de deux divinités accroupies, Osiris à droite,

Isis à gauche; derrière Isis, cartouche au nom de Mîn qu'accoste un épervier coiffé de la couronne double.

10. — Deux reliefs du temple de Césarion

H. 1,11 — L. 0,55 — Ep. 0,26.

Sur ces blocs du temple de Cléopâtre et Césarion, *Rapports* I, p. 10; II, p. 3; R. Weill, *Recueil de Travaux*, 1911.

Contre le mur, on voit appliquées les pièces 7-9 :

7. Au-dessus de 4, un bloc provenant également des restes réemployés du temple de Thotmès III. Il représente une portion des offrandes qui chargeaient l'autel des dieux : diverses farines en tas ou dans des vases, oies vivantes ou déjà plumées et troussées, fleurs et fruits. Au-dessus, une rangée de petits vases à encens.

H. 0,60. — L. 0,66. — Ep. 0,38 (retaillé à 0,20). Publié par Fl. Petrie, *Koptos*, pl. XIII, 3.

8. Portion de la corniche du temple dont faisaient partie 2, 3 et 5. Deux groupes de trois fasces rouges séparent trois cartouches, ceux de Ptolémée XIII ou XIV , de Cléopâtre, sa sœur, , et de Césarion. Les traces de peinture étaient encore très nettes lors de la découverte.

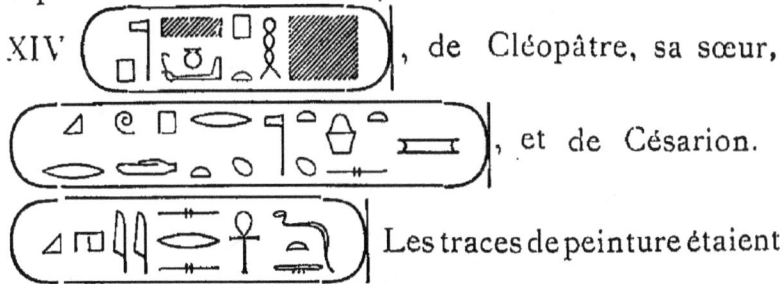

H. 0,72 (les 2 fr. réunis) — L. 1.10 — Ep. 0,21.

9. Autre portion des mêmes reliefs représentant sans doute Césarion ; l'espèce de tresse bifide qu'on voit tomber derrière l'épaule serait en ce cas une variété de celle qui est, en Egypte, l'insigne des héri-

tiers du trône; il porte déjà la barbe royale; derrière lui, le dos d'un personnage féminin dont la robe était peinte (carreaux rouges sur fond blanc).

H. 0,41. 1. — L. 0,60 — Ep. 0.10 (retaillé). De nombreuses pièces de ce style, en relief peint ont été trouvées dans la même région du champ de fouilles; quelques spécimens dans la vitrine III.

1. A-C. Entre le mur de Sésostris et le soubassement latéral, on a placé quatre fragments provenant du Pylône dans les fondations duquel les blocs de Sésostris ont été retrouvés.

Il ne subsistait de ce Pylône que la joue Ouest et de cette joue que l'assise inférieure. Cette assise offrait à l'Est — c'est-à-dire sur le passage — la forme accoutumée : une partie rentrante entre deux parties saillantes. Le fragment A-A' provient d'une des parties saillantes; chacune était ornée d'une procession de quatre Nils (on a retrouvé les 2 Nils qui se placent derrière les deux qui sont exposés) portant des offrandes symboliques; ils s'avançaient vers le Sud, ce qui paraît indiquer que c'est au Sud que se trouvait le temple auquel ce Pylône donnait accès. C'est là que se trouve en effet le temple dit du Centre dont diverses figures, notamment le tambour de colonne au nom de Claude (cf. plus haut, p. 21), attestent la restauration à cette époque. Le fragment B provient de l'inscription qui occupait toute la partie

en retrait. Le fragment C ornait la face Sud : le
motif qui le décore est censé représenter le Pharaon
agenouillé sur le *noub*, le signe de l'or, tenant dans
chaque main la crémaillère des années où pend le
signe de vie. Les cartouches sculptés sur A-A' le sont
avec si peu de soin qu'on ne peut reconnaître avec
certitude le nom du souverain sous le règne duquel
ce Pylône a été élevé. Les titres *Sebites Kermenikes*
qu'on trouve réunis dans un des cartouches permettent
d'hésiter entre Néron, Domitien et Trajan qui, seuls,
paraissent avoir reçu en Égypte à la fois le nom de
Sébastos (Auguste) et celui de *Germanicus*. Diverses
considérations inclinent en faveur de Néron.

D'autres éléments antiques avaient été réemployés dans
ce Pylône : ainsi, dans la vitrine III, parmi plusieurs fragments des plaques qui ornaient la face sud du Pylône, le
n° 346 montre, sur la tranche, les restes d'un cartouche de
Ramsès III. Le travail du Pylône était peut-être commencé
sous Caligula : on a recueilli, en effet, dans les matériaux de
ce Pylône, des plaques minces où les cartouches de cet empereur étaient noyés sous un stucage blanc (vitr. III, p. 72).
Sur la date, *Rapports*, I, p. 14; *Annales du Service*,
1912, p. 24.

Entre le soubassement et la vitrine :

6. Deux blocs en granit rouge trouvés séparément
dans les mêmes fondations de pylône que les blocs du
Mur de Sésostris. Ils se rajustent et forment la partie
supérieure d'un montant de porte au nom de Thot-

mès III : « ce temple, en granit dur, le fils de Râ, Thotmès (l'a élevé) » dit l'inscription.

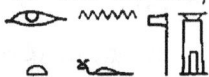

Le jambage doit provenir du Temple du Centre, contigu au Pylône où deux jambages semblables sont restés en place (voir photos, cadre V, n° 37). Celui-ci, sans doute déjà brisé, aura, lors de la restauration, été employé dans les fondations. H. 1,38 — L. 0,60 — Ep. 0,48.

10 (II, *19*). On a placé sur ce jambage un des angles d'un pilier en granit au nom de Thotmès III. Il appartient à une série de piliers monolithes (h. 4.50; l. 0,90) présentant sur le tiers supérieur de chacune de leurs faces le Pharaon devant une divinité. Six ont été retrouvés, non brisés mais martelés, ornant un baptistère chrétien (voir cadre V, photos 38); de ces six piliers complets deux ont été transportés au musée du Caire; un septième, brisé en trois, mais aux figures intactes sur deux faces, a été rapporté au Louvre (voir cadre VI, photos 58-9). Ici, on pourra en prendre une idée par cet éclat où l'on voit, sur une face, une portion de la tête d'un dieu qui est sans doute Amon.

H. 0,80 — L. de 0,15 à 0,25.

Cette érection de jambages ou piliers historiés en granit a été continuée par le successeur de Thotmès III, Amenhotep II, à en juger par un grand fragment trouvé en 1911; il a montré que les chairs et certains signes rece-

vaient un poli particulier et un enduit de couleurs vives
(cadre VII, photo 51).

Ce sont les derniers Ptolémées qui paraissent avoir élevé
dans le Grand Temple un *naos* en granit rose semblable à
celui de Philippe Arrhidée à Karnak. Du moins, le cartouche de Ptolémée IX est-il encore visible sur une de ses
pièces transformée en meule. Des nombreux blocs qui en
proviennent, retrouvés dans les ruines des édifices chrétiens, on en a exposé ici cinq : le bloc retaillé en chapiteau
29 et les blocs 14-16.

14 *a*. (Au pied de 10) ; pièce d'un registre médian :
le roi devant le dieu Mîn.

15 *a* et *b*. (Dans la 2ᵉ fenêtre) : pièces provenant, *a*
du soubassement (fleurs symboliques du nord et du
sud), *b* du couronnement (frise d'ornements en forme
de quilles 𓎶 dits *khaker*).

16. (À côté de la 1ʳᵉ fenêtre) : éclat qui porte sur une
tranche le dos d'un personnage appartenant à un
registre de même dimension que 14 *a*, sur l'autre une
tête de roi coiffée de la mitre blanche. On doit admettre
que cette dernière pièce faisait partie d'un mur décoré sur les deux faces du *naos* (on saurait ainsi que
ses blocs avaient 0,50 d'épaisseur) à moins de sup-
poser, — la dimension de la coiffure étant sensiblement la même que celle que comporte 10 — que Ptolémée IX a déjà réemployé des piliers de Thotmès III.

Sur ces pièces du *naos*, *Rapports*, I, p. 22; II, p. 7.

LES PIÈCES MOYENNES

LES ÉPIS

ÉPI I

Face A. Entre la première et la deuxième fenêtre, s'avance l'épi I. La face A a été réservée pour recevoir les plans de la fouille de Koptos et les photographies du site et des ruines ainsi que des pièces qui n'ont pas été rapportées à Lyon.

Face B. La face B a reçu un certain nombre d'inscriptions et de sculptures, la plupart provenant des édifices ptolémaïques de Koptos. Seules, les pièces 2, 3 et 4 appartiennent à l'époque du Nouvel-Empire.

2. Inscription sur basalte noir.

Angle supérieur gauche : il reste, sur la face, le début de 15 colonnes ; sur la tranche 5 colonnes.

Reproduit dans le *Catalogue du Musée Guimet : Galerie Égyptienne*, par Al. Moret, p. 120, pl. LIII. 68.

3 a. Bord droit d'une stèle à sommet cintré, fin de 18 lignes (les Égyptiens écrivaient de droite à gauche).

Granit verdâtre. H, 1.53 — L. 0,35 — Ep. 0,16 (dont

une ép. de 0,09 est restée à l'état brut pour être encastrée).

3 *b*. Portion du sommet arrondi d'une stèle de même forme et de même granit; dans l'en-tête, sous le disque ailé, on distingue, à travers le martelage, le cartouche d'un *Amenhotep*, puis l'Isis à qui le roi devait faire offrande.

Le martelage, qui paraît intentionnel, permet de croire qu'il s'agit du souverain hérétique Aménophis IV (1375-1358). Lorsque, répudiant le culte d'Amon de Thèbes pour celui d'Aton, le disque solaire source de toute vie dont il cherchait à faire le dieu unique de l'Égypte, Aménophis (Amen-hotep) prit le nom d'Ikhnaton, il fit effacer lui-même son ancien nom et les signes qu'on lisait *Amen* sur tous ses monuments. Comme on voit sur 3 *a* que ces signes sont précisément martelés on peut admettre que 3 *b* est un fragment de la partie cintrée de 3 *a*.

4. Fragment d'inscription murale en calcaire tendre (I, 469). Elle a été trouvée dans le même radier que l'inscr. 52 Inv. (cf. ci-dessus p. 29. n. 1; 2 autres fragments semblables dans la vitrine I) et ses hiéroglyphes offrent des similitudes avec ceux qui se voyaient au haut de cette pièce : le *Nesiatef*, dont elle donne le nom avec une date, était donc un officier de Ramsès II (1292-1225).

7. Pièce du Grand Temple avec les cartouches de

Ptolémée I montrant que le premier des Lagides en a entrepris la reconstruction (*fig. 11*).

11. — Cartouche de Ptolémée I

Inv. I, 69 — L. 0,51.

10. Cartouche de Ptolémée IV Philopator, de même provenance, (*fig. 12*).

12. — Cartouche de Ptolémée IV

Inv. II, 253 — L. 0,58.

8, 9, 6, 5. Les pièces suivantes proviennent du temple élevé par Cléopâtre et Césarion (voir p. 33).

8. Tête de reine en grès, relief stuqué et peint; elle tient le sceptre au lotus *ouaz*, sceptre d'Isis et des reines; mais la tête est beaucoup plus personnelle qu'à l'ordinaire; elle représente sans doute Cléopâtre.

L. 0.41 — H. 0,20.

9. Tête et torse d'un prince, incision avec modelé sur calcaire dur : sans doute Césarion (*fig. 13*).

H. 0,48 — L. 0,40. *Rapports*, II, fig. 5.

13. — Césarion (?)

6. Tête et buste d'Harpocrate, coiffé des plumes d'Amon, le doigt de la main droite à la bouche, le sceptre

ousir dans la gauche : incisé sur grès jaune très friable (*fig.* 14 .

L. 0,30 — H. 0,40.

5. Tête d'Amon coiffé de la mitre *alef* (faisceau de fibres de palmier flanqué de deux plumes d'autruche) avec brochette d'uraeus au bas : relief fin sur grès clair (*fig.* 15).

14. — Harpocrate

H. 0,30 — L. 0,47.

Au bas, on a placé :

11 et 12. Portions d'inscriptions ptolémaïques provenant de l'édifice du Centre

Au haut, dans sa position originelle :

1. Un linteau de petite porte ptolémaïque avec disque solaire à uraeus et ailes d'épervier sur la

3.

face extérieure, épervier tenant deux chasse-mouches à la face inférieure.

H. 0,25 — L. 0,65 — Ep. 0,19.

15. — Tête d'Amon

EPI II

Face A. On a réuni sur ce panneau des documents se rapportant aux religions nouvelles introduites à Koptos au II siècle de l'Empire.*

Stèles Palmyréniennes : (fig. 16 et 17).

1-7. Sept des douze stèles (Inv II., 408-18 et 342)

trouvées dans la maison dite des « Palmyréniens ».
Elles ont été recueillies (voir cadre VII, photo 52) au
pied du mur, devant deux renfoncements dans lesquels
elles avaient été fixées. Ce mur appartient à une sorte
de grande salle commune au milieu de laquelle s'ali-
gnent deux autels. Joint à l'incontestable analogie de

16. — La stèle palmyrénienne n° 6

ces stèles avec certaines des stèles de Palmyre et à
l'existence à Koptos d'une société de « négociants et
d'armateurs palmyréniens » (sous Antonin) et d'un
corps d'archers Palmyréniens (sous Caracalla), ce
fait tend à prouver que la salle que décoraient ces

images était la salle de réunion, à la fois mess,
cercle et chapelle, de ces archers et de ces marchands
de Palmyre, la capitale commerciale de l'Arabie aux

17. — La stèle des Palmyréniennes n° 7

IIᵉ-IIIᵉ siècle de notre ère, qui était avec Koptos en
relations directes par la Mer Rouge.

Tandis que certains portraits sont munis de la
mappa, emblème essentiellement civil, d'autres tiennent une flèche. On peut distinguer selon ces attributs, quatre variétés :

La *mappa* seule sur les stèles 1 (413 : on a laissé
ici l'enduit de chaux qui s'était déposé plus ou
moins épais sur la plupart des stèles; ici, il a pro-
tégé des traces de peinture) et 4 (417 : terminée en
cintre à disque ailé traces de peinture lors de la
découverte) ;

La *mappa* ornée sur la stèle 3 (408) avec, peut-être,
flèche chez le personnage de gauche (tous les deux
sont couronnés de feuillages) ;

Les flèches seules sur 2 (342, le personnage de
droite brisé en partie) et 6 (416);

Les flèches et la *mappa* sur 7 (418 : avec frise d'uraeus); dans la stèle 3 (410) qui conserve des traces de
peinture (fond rouge dans cadre vert foncé; traces de
dorure sur le visage lors de la découverte), l'objet tenu
par les deux personnages ne paraît pas avoir été nettement sculpté. Si les personnages sont toujours figurés par paires, l'un mettant la main sur l'épaule
de l'autre, (sauf 15), n'est-ce pas peut-être parce que
chaque membre nouveau du club devait être présenté
par un ancien ? Les crânes paraissent scrupuleusement rasés, — 5 a une couronne de feuillage et 7
un serre-tête orné —; ces détails, ainsi que la dorure
du visage de 3, paraissent indiquer un culte syrien.

Sur la maison des Palmyréniens, *Rapports*, II p. 17. Les
5 autres stèles sont au musée du Caire. Sur les insignes
des Palmyréniens, voir Simonsen, *Sculptures de Palmyre
dans la Glyptothèque Ny-Carlsberg*, 1889. La *mappa* peut
n'être qu'une guirlande repliée, arrivée à un degré de stylisation auquel acheminent certains sarcophages anthro-
poïdes gréco-égyptiens, (cf. Edgar, *Catalogue of græco-
ægyptian coffins*, 1905, pl. VII; Fl. Petrie, *Memphis, IV*,
1911, p. 16; A. Reinach, *Rev. Arch.*, 1914, I, n° 1.)

Les dimensions des stèles varient de 0,48 sur 0,63 à 0,34
sur 0,41.

Pièces coptes (fig. 18) :

10, 11, 16. Stèles en forme de façade de temple : un
fronton orné d'un fleuron à 3 ou 5 feuilles est sup-
porté par des colonnes torses à chapiteau corinthien;
elles encadrent un porche où deux pilastres semblables
supportent un cintre à coquille. Le nom du défunt
était sans doute peint dans la porte qui s'enfonce en
niche. L'absence de tout signe spécifiquement chrétien ne permet pas d'affirmer que ces pièces soient
coptes; mais il est vraisemblable qu'elles appartiennent, en tout cas, aux IIIe-IVe siècles.

10 (II, 178) H. 0,31 — L. 0,27.
11 (I, 587), H. 0,31 — L. 0,24.
16 (II, 213). H. 0,41 — L. 0,31.

Les trois stèles présentent encore deux détails communs
qui indiquent un centre particulier de fabrication : sur le

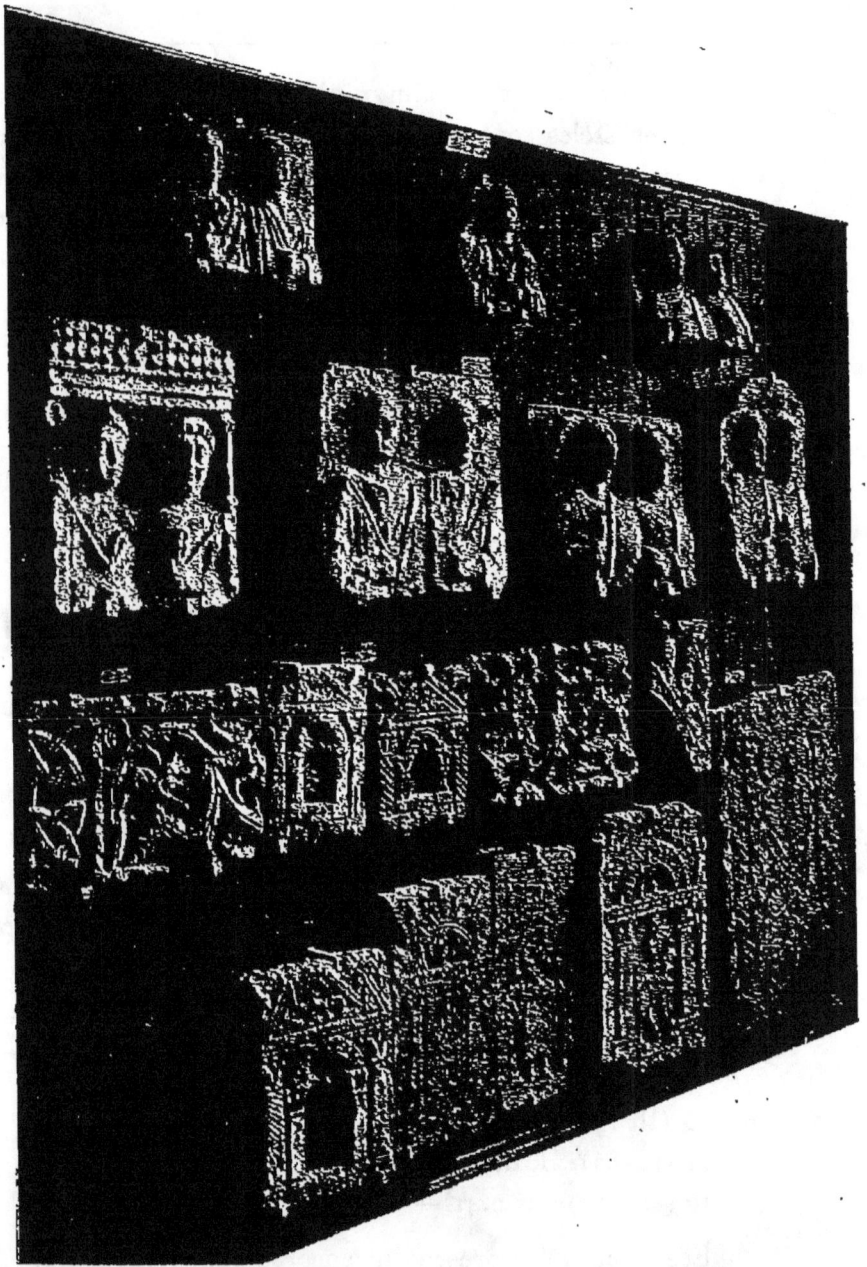

18. — Les stèles palmyréniennes et coptes

bas des deux rampants du fronton s'élève une sorte de
corne (une acrotère?); sous le porche, des incisions paraissent indiquer des degrès d'accès.

Les trois pièces ne proviennent pas des fouilles, mais
ont été acquises à Koptos.

8-9-12-15. — Les pièces suivantes, certainement coptes, font partie d'un lot acquis au Caire en 1910 et dont
il a été affirmé, avant que nos fouilles ne fussent connues,
que Koptos était la provenance. L'aquisition sur place des
trois pièces précédemment citées prête un certain appui à
cette affirmation, indiquant qu'une nécropole copte a dû être
au pillage dans les environs de Koptos.

On a cédé au musée du Louvre quatre de ces pièces (voir
cadre VII, photos 54-5): *1)*. Un cintre de porte sculpté
d'un travail très fouillé avec pampres stylisés comme fond,
corbeille de fruits comme clef de voûte, et, au bas, à droite
un ange debout frappant des cymbales, à gauche un
personnage assis jouant de la flûte; *2)* la partie inférieure d'un des montants, avec pampres ayant l'air de
sortir d'un vase; *3)* un des voussoirs inférieurs d'une
autre porte semblable où l'on distingue un homme qui
semble entraîner une femme (pour le motif, cf. Strzygowski, *Catalogue du Caire: Koptische Kunst*, p. 31-37)
et un volatile perché sur le dos d'un saurien (il semble
s'agir de la fable du trochile et du crocodile); *4)* une stèle
à façade avec croix plantée dans le porche divisant
l'épitaphe.

Six pièces sont exposées ici (la provenance de 9 est douteuse, le marchand l'ayant donnée comme étant Mit-Rahineh avant de parler de Koptos).

8. Claveau inférieur droit d'un cintre enguirlandé ; un oiseau aux ailes éployées y est posé ; derrière lui s'enroulent cinq volutes qui ressemblent aux branches stylisées d'un arbuste (arbre de Jessé ?).

H. 0,36.

9. Portion d'un bas-relief qui devait se continuer a droite et à gauche : chacal assailli par cinq chiens dans ce qui parait vouloir représenter un fourré ; les chiens donnent l'impression de chiens de berger efflanqués, à poil fauve. Mouvement intense qui en fait une pièce très rare pour l'époque.

H. 0,31 — L. 0,51 — Ep. 0,06.

12. Grande plaque : au milieu d'un cadre d'entrelacs et de tresses, un oiseau aux ailes éployées tenant dans son bec un rameau : la colombe de l'arche ?

C'est probablement une plaque d'iconostase.

H. 0,87 — L. 0 52 — Ep. 0,08.

13. Stèle : deux colonnes à fût rond et lisse sur base moulurée à chapiteau acanthiforme supportent, sur un linteau, un cintre denticulé qui contient une coquille ; du linteau orné d'oves pend une lampe d'église ; au-dessous se dresse une gazelle. L'épitaphe devait être gravée ou peinte dans la partie mutilée qui se trouve au-dessus du cintre.

H. 0,56 — L. 0,41 — Ep. 0,07.

14. Stèle : un homme de face les mains levées en prière ; au-dessus, l'épitaphe copte en 5 l., les 3 dernières divisées par une croix : « Il y a un dieu unique. La paix de l'abbé Sam(uel?) soit sur lui. Joseph s'est endormi le 30 Phamenoth, âgé de dix ans ».

H. 0,54 — L. 0,26 — Ep. 0,04.

15. Stèle : deux colonnes semblables à celles de 13 supportant de même, sur un linteau, un cintre à coquille ; dans la coquille une croix ; au-dessus, des feuillages stylisés et, dans chaque angle, un oiseau, la tête retournée.

Sur le linteau l'invocation au « dieu unique » et à la « paix du seigneur ».

Sur un cartouche, entre les colonnes, « Victor le Copte s'est endormi le 25 d'Epiphi âgé de 28 ans ».

Sous les colonnes, un autre nom : « Timothéos le Copte ».

H. 0,51 — L. 0,28 — Ep. 0,06. Le texte de ces stèles coptes et des autres trouvées en même temps sera publié dans la *Revue Epigraphique*, 1914, n° 2.

17. Une scène de chasse. Il est intéressant de la comparer à 9. C'est également une portion de frise brisée à droite et à gauche et comprise entre deux bandes en rehaut : dans un arbuste stylisé à la façon d'un acanthe on voit bondir un chien à longs poils et longue queue comme ceux de 9 ; il ne reste que l'arrière-train de

l'animal qu'il poursuit; ce pourrait être un cynocéphale.

Sculpture très profonde. H. 0,30 — L. 0,47 — Ep. 0,12.
Acquis par R. Weill.

*Face B. A l'exception du support-dressoir déposé au
pied du panneau,*

21. Table-banc copte ornée d'entrelacs sur les
montants et d'une corniche arrondie où alternent
triglyphes et rosaces, avec tête léonine au milieu.
Les deux cavités rectangulaires encadrant une cavité
circulaire qu'on voit à la surface étaient destinées à
recevoir ces grandes jarres pleines d'eau qu'on garde
encore ainsi pour fraîchir à l'ombre dans les maisons
coptes (*fig. 19*).

Calcaire. H. 0,45 — L. 0,84 — Ep. 0,58. — Pièces semblables au Musée du Caire, Strzygowski, *Koptische Kunst,*
p. 88.

Dans l'Égypte pharaonique, ces supports-dressoirs
étaient généralement en bois, Petrie, *Gurneh*, pl. 38 ; A.
Reinach, *L'Anthropologie*, 1913, p. 248. — Une portion
d'un autre table-support semblable, plus petite a été posée
au-dessous; c'est d'elle que provient la « Gargouille » de la
vitr. III, rayon 4,

et des cippes funéraires.

1-6. Pierres tombales nestoriennes. (Don de M. Ada-
mian).

Ces pierres tombales sont constituées par un gros galet

19. — Support-dressoir copte

de granit verdâtre où l'on a incisé une croix avec une épitaphe en syriaque. Elles font partie d'un lot d'environ

600 pierres tombales recueillies dans le Turkestan russe,
près de Pichpak et Tokmak. Là se trouvait l'*Organum* de
Marco Polo, centre de la communauté des chrétiens nestoriens qui se maintint dans ce poste avancé jusqu'à la fin du
XIVᵉ siècle. Comme ils descendaient de l'ancien royaume
gréco-scythe de Sogdiane, ils comptaient encore les années
d'après l'ère des Séleucides; mais ils indiquaient l'année cor-
respondante du cycle dodécadique des Turco-Mongols ; de
même, des mots et des signes turcs se mêlent à leurs épitaphes en syriaque. Les six pierres exposées, dont 3 datées
(1266, 1318, 1339) émanent du prêtre Monan Awiz, du vi-
siteur Philippe, du jeune Abraham et de trois jeunes filles
Saliba, Seboulan et Marie. On remarquera ce mélange caractéristique de noms judaïques, syriaques, grecs et turcs.
Les épitaphes exposées provisoirement sur ce panneau n'y
sont pas déplacées : on sait, en effet, que les Nestoriens du
Turkestan occupent l'extrémité N.-E. de la grande aire es-
saimée depuis le Vᵉ siècle par les églises monophysites, aire
dont l'église copte et l'église éthiopienne forment l'aile du
S.-O. — Ces pierres tombales ont été publiées par F. Nau,
Revue de l'Orient chrétien, 1913, nᵒ 1.

*Les pièces placées sur ce panneau B appartiennent
à l'Égypte gréco-romaine avant sa christianisation. Ce
sont deux tables d'offrande :*

15. Deux aspersoirs à libation, dits *hes*, sont placés
sur une natte formant table; c'est sur cette table que
les victuailles superposées sont censées placées; au
milieu s'ouvre la cavité figurant le trou d'où s'enfonce

vers le mort l'eau des libations ; elle s'écoulait en
réalité par le bec placé à l'opposite.

I, 598 — H. 0,30 — L. 0,28 — Ep. 0,18.

16. Rangée de pains et de fruits; au-dessus, animaux divers, dont une tête de veau et un poulet
troussé; le bec est cassé; une ligne de texte sur la
tranche opposée.

II, 52 — H. 0,35 — L. 0,50 — Ep. 0,10. — Voir pour les
tables de libation, la vitr. III, p. 72.

7-14. Huit stèles votives :

7. Stèle cintrée. En bas, un tableau en deux
registres; au-dessus, le défunt et sa femme assis de
part et d'autre d'une table à offrandes garnie de
victuailles; au-dessous, 5 personnages allant présenter
leurs hommages au mort; au-dessus du tableau
14 lignes de texte.

Cf. A. Moret, *Catalogue de la galerie égyptienne,*
pl. IV et p. 9.

8. En tête : sous le disque ailé, une barque dont
la proue et la poupe se recourbent, terminées en
fleurs de lotus; deux momies, une petite et une
grande, y sont couchées, l'une à gauche, l'autre à
droite; de part et d'autre, au-dessus des momies,
dans les angles, deux chacals, les animaux d'Anubis,
le dieu des Morts. — Tableau : Osiris sur son trône,

Isis derrière lui ; devant lui, table d'offrandes chargée de quatre vases à têtes de canopes (les quatre en-
fants d'Horus) ; deux personnages s'en approchent, le
premier tendant les mains, le second portant une
corbeille de fruits sur la tête. — Le texte, en 6 lignes,
est une invocation à Osiris-Ounnofir (*fig. 20*).

II, 53 — H. 0,55 — L. 0,30 — Ep. 0,06.

9. (*Fig. 21*). L'en-tête, arrondi, est occupé par un
disque ailé flanqué des uraeus ; il est séparé par le
signe du ciel du tableau : le Pharaon, coiffé de la couronne du Nord, donne un « champ » (symbole d'un
domaine) à Horus enfant, debout sur les plantes em-
blématiques liées autour du *sam*. Horus a le doigt à la
bouche et porte le manteau royal et le disque surmonté
des plumes d'Amon ; derrière lui, Isis assise coiffée
du disque et des cornes hathoriques, tenant l'*ouadj*.
Au-dessus des personnages, leurs noms en hiéroglyphes peu lisibles. Au-dessous, le texte : 2 lignes
d'hiéroglyphes qui signifient : « ..... Germanikos
Autokrator, Soleil Seigneur (des Levers), Tiberios
Klaudios,..., a été fait donation *(henk)* de toute
chose bonne qu'il a donnée et de toute division (?) à
ce sujet ».

Au-dessous viennent :

5 lignes de grec qui se traduisent : « Au nom de

;20. — La stèle 8

Tibère-Claude-César-Auguste Germanicus, Pétésis, fils du nommé Pimmeiôme, et Parthénios, fils de Paminis, prostatès d'Isis, déesse très grande».

II, 1773 — H. 0,42 — L. 0,28 — Ep. 0,10.

21. — La stèle 9

On a retrouvé 14 documents émanant de ce Pétésis qui paraît avoir été le chef du corps sacerdotal à Koptos, du règne de Tibère à celui de Néron.

Ces documents ont été publiés par Reinach et Weill, *Annales du Service*, 1912 ; la stèle 9 y occupe le n° 4.

4

10. Stèle dont le tiers supérieur est brisé : dans le tableau, l'empereur Tibère ⟨ 𓈖𓇋𓇋𓏏 ⟲ 𓇋𓇋𓂝 ⟩ devant Harpocrate au manteau et Isis; au-dessous, texte en hiéroglyphes et en démotique (*fig. 22*).

II, 155 — H. 0,30 — L. 0,34 — Ep. 0,10. Traces de peinture. Vient de Kôm Raieh, emplacement d'une des nécropoles de Koptos.

22. — La stèle 10

11. Stèle : personnage en offrande devant Osiris; au-dessous, 4 lignes d'hiéroglyphes.

I, 151 — H. 0,44 — L. 0,23. — Trouvé dans le temple du Centre, près de la grande stèle. Brisé à droite.

12. Petite stèle cintrée : Harpocrate jaillissant du lotus; devant lui la table d'offrandes et bouquet de lotus et de papyrus.

I, 528 — H. 0,27 — L. 0,23 — Ep. 0,05.

13 Petite stèle cintrée : au haut Mîn et Hathor séparés par deux tables de libation; au-dessous, l'offrant agenouillé.

I, 413 — H. 0,29 — L. 0,19 — Ep. 0,04.

14. Petite stèle très mal gravée : sous le disque ailé aux uraeus l'offrant, très petit, devant deux divinités debout.

Trouvée dans la « maison des Palmyréniens ». Cf. p. 46.
II, 419 — H. 0,38 — L. 0,30 — Ep. 0,09.

17. Façade de petit naos en grès jaune : l'évidement au centre était probablement destiné à recevoir une image mobile du serpent domestique, *l'agathodémon* des Grecs.

Trouvée dans la « maison des Palmyréniens ».
II, 341 — H. 0,30 — L. 0,27 — Ep. 0,09.

18-20. Viennent ensuite trois inscriptions : une latine.

18. Cippe en brique rouge d'un légionnaire en garnison à Koptos : *T. Messius T. f(ilius) miles leg(ionis) III Cyre (naicae).*

I, 181 — H. 0,22 — L. 0.28 — *Rapports*, I, p. 49.

deux grecques :

19. Cippe en calcaire : en l'an 17 de Septime Sévère (209/10), invocation à un dieu dont le nom a disparu;

il semble avoir été désigné par deux lettres sémi-
tiques, peut-être *Gad*, l'équivalent syrien de *Tyché-
Fortuna*. On distingue ces lettres à l'angle supérieur
droit du cippe, répondant aux 3 lettres grecques κεπ
qu'on voit à l'angle opposé.

Brisé en haut et en bas.

H. 0,29 — L. 0,24 — Ep. 0,17 - *Rapports*, II, p. 58.

20. Cippe cintré en grès jaune : *Psemminis Pete-
minis* mort l'an 19 d'un règne non indiqué, probablement celui d'Hadrien ou celui d'Antonin.

II, 117 — H. 0,30 — L. 0,24. — Proviendrait de Kôm
Raieh comme la stèle 10.

LES PETITES PIÈCES [1]

LES VITRINES

Vitrines-Armoires I-IV

Deux paires de vitrines verticales se trouvent : I et III entre les épis I et II, II et IV en face.

Les vitrines I et III contiennent des pièces de sculpture.

La Vitrine I *des pièces d'époque pharaonique.*

On remarquera sur les rayons (1-4 de bas en haut) :

1. Au milieu, portion d'un bloc d'angle appartenant à la série des sculptures en relief très bas, finement peint, de Thotmès III (voir p. 32) : sur le grand côté, la tête du roi respirant la croix de vie, en face d'une divinité; sur le petit côté, partie postérieure de la tête du même roi avec la main d'un dieu sur son épaule droite. — I, 647 — H. 0,23 — L. 0,35 et 0,34 (*fig. 23*).

1. Dans cette partie de notre Catalogue, on ne trouvera citées que les principales pièces ; les numéros sont ceux de nos inventaires. La plupart des figurines appartenant à notre deuxième inventaire, l'indice II a été supprimé lorsqu'il ne pouvait y avoir d'équivoque. La référence ne donne en général que la pièce la mieux conservée d'une série.

De part et d'autre, deux bustes, à gauche celui d'un officier de Ramsès II ; son nom est inscrit sur le montant d'appui, le cartouche du roi sur l'épaule droite (I, 51 — II. o 35, en grès jaune) (*fig. 24*) ; — à droite, buste sans tête d'un personnage avec grand

23. — Thotmès III en relief peint

collier et corselet militaire à écailles (I, 634 — H. 0.33) ; aux extrémités, deux Osiris assis, en beau calcaire poli (I. 54) et 395 ; à ce dernier il ne manque que la tête II. 0,41). — Derrière, entre autres fragments, celui de l'inscription de Nésiatef. (Cf. p. 42, n° 4).

2. Au milieu, la portion médiane des jambes d'une statue d'homme de grandeur naturelle, le pied gauche

en avant, avec inscription sur le montant d'appui
(II, 154 — H. 0,35 — L. 0,20), avec le cou d'un pied
gauche qui a appartenu à une statue semblable, (I.
465): granit vert d'un beau poli.

On a groupé devant ces deux pièces d'autres fragments de statues en même matière et on a placé à

24. — Buste d'un officier de Ramsès II

droite une statuette d'homme assis brisée à la ceinture; le siège est inscrit sur les trois faces (I, 182:
calcaire poli comme de l'ivoire): aux deux extrémités,
d'abord deux statuettes d'homme en bois, une assise,
une debout, provenant des fouilles de Quibell dans
la nécropole des III-IVᵉ dynasties à Sakkarah (II,
2092-3); puis deux pièces inachevées en granit vert

foncé, à droite personnage agenouillé tenant un *naos*
(I, 169 — H. 0,40), à gauche tête de roi à couronne
double.

On a réuni sur le même rayon quelques autres fragments de granit sculptés (remarquez le fragment avec
la jambe peinte en rouge) ou inscrits, notamment.

Colonnette gravée sur les quatre faces avec bas du
cartouche d'un Ramsès (I, 141); angle d'un bloc avec
vautour planant et faucon à double couronne devant un
ousir (I, 414); fragment d'une corniche de *naos* au nom
du pharaon Osorkon I (voir 925-895) (I, 589); autre
fragment avec portion de cartouche d'un Ramsès
(II, 685); éclats d'une grande stèle finement inscrite
avec début d'un cartouche (I, 174, 215, 242).

3. Au milieu, fragment de grande tête de roi en calcaire (I, 394); à l'extrémité gauche, Osiris assis en stéatite avec ligne d'hiéroglyphes sur la base et dans le dos
(I, 221); à l'extrémité droite, une Isis assise dont la
pierre, une sorte de calcaire noir très poli, présente la
particularité d'exsuder — ou de condenser — des
gouttelettes par temps humide; au fond, des éclats
du Mur de Sésostris (voir p. 31) et le haut d'un
cartouche de ce roi d'une autre provenance (I, 58).

4. (*Fig. 25*). On y a placé trois débris d'inscriptions très fines sur calcaire; deux sont des fragments
qui se raccordent (I, 625) au nom de Papi II
(VIᵉ dynastie v. 2566-2476); le 3ᵐᵉ, peut-être

d'époque ramesside, montre la jambe d'un cheval du
char royal chargeant (I, 60) ; quelques autres éclats
du Mur de Sésostris.

25. — Fragment d'une stèle de Papi II

Sur les huit stèles de l'Ancien Empire trouvées à Koptos
et laissées au Musée du Caire, voir R. Weill, *Les décrets
royaux de Koptos* (Paris, 1912).

Vitrine III

*Cette vitrine contient des pièces de sculpture, la
plupart gréco-romaines. On remarquera sur les rayons
(1-4 de bas en haut) :*

1. Au milieu, groupe de la triade de Koptos :
Horus entre Isis et Mîn; les divinités sont assises,
leurs têtes brisées (II, 20 — II. 0,33; calcaire jaunâtre.
Grand Temple); à gauche, petite statue en calcaire

restée à l'état d'ébauche : on paraît avoir voulu
figurer un enfant drapé tenant une oie dans la gauche
(II, 254 — II. 0,39 ; la tête manque). — tête de roi à
mitre blanche en relief. — A droite, fragment provenant peut-être d'une statue de militaire avec cuirasse

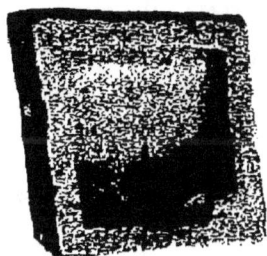

à lambrequins, — tête de roi
à grand collier en relief (I.
490). — Sur le devant, on a
placé deux « maisons du double ». Ce sont des modèles de
maison en terre cuite qu'on
plaçait dans la tombe pour
servir d'habitat à l'âme du
mort ; l'une représente une
cour carrée avec deux esca-
liers qui sont censés mener à
la terrasse de bâtiments à toit
plat ; l'autre est précédée
d'une table d'offrande dont
le godet à eau joue le rôle
de cour avec escalier, ce qui

26. — Maisons du double

indique bien le caractère religieux de ces pièces. Elles
peuvent remonter à l'époque thébaine (*fig. 26*).

Flinders Petrie a recueilli une abondante série de ces
» maisons du double » dans des tombes des XIᵉ-XIIᵉ dynastie aux environs d'Assiout, Petrie, *Gizeh and Rifeh*,
1907.

2. Au milieu, stèle rectangulaire en calcaire : le dieu Bès y est figuré en haut relief ; revêtu d'une peau de lion, un sabre dans la droite levée, les yeux en émail blanc ; les traces de dorure sur le corps et de peinture bleue sur le fond étaient beaucoup plus abondantes et plus vives quand la stèle fut découverte dans ce qui semble avoir été la chapelle d'une maison d'époque romaine où il devait jouer le rôle de talisman contre le mauvais œil (I, 247 — H. 0.32 — On a trouvé, avec ce Bès, l'Osiris assis, I, 221, exposé dans la vitrine I). On a groupé autour du Bès trois animaux sacrés en calcaire qui ont dû être placés également dans la chapelle de maisons gréco-romaines : un se⁻ ¬t, image de l'Agathodémon (II, 2.094) ; un cynocéphale accroupi, les pattes sur les genoux (II, 2.095 : provient comme le précédent du Delta), un autre qui semble jouer de la double flûte.

Au fond, on a appuyé une tête d'Hathor incisée (I, 402) et divers fragments du revêtement sculpté de la face sud du Pylône de Néron (Cf. p. 37), notamment un fragment dont la tranche montre le cartouche d'un Ramsès (I, 346) ; sur le devant, on a aligné une série de petites tables d'offrande ou de libation, entières ou en fragments (I, 55, 193, 311, 439 ; II, 52, 542, 1.475, 1.989) ; on a vu deux spécimens plus grands placés sur la face B de l'épi II, n° 12 et 15.

Ces tables remplacent les pierres circulaires formant table ronde — le disque d'albâtre I, 163 est sans

doute un de ces *hatpou* — qu'on posait à l'origine
sur des nattes rectangulaires et qu'on chargeait de
mets destinés à satisfaire la faim ou la soif du défunt.
Uni au désir d'éterniser l'offrande dont devait vivre
le défunt, leur esprit pratique amena bientôt les
Égyptiens à représenter le tout de façon de plus en
plus schématique, sur une pierre rectangulaire ; le
seul caractère constant est le bec dont la table est
munie pour l'écoulement de l'eau qu'on y était censé
y verser ; sur la surface, on trouve des images sché-
matisées du guéridon *hatpou*, des aiguières *hes*, des
galettes rondes et des autres victuailles. — Au fond,
divers fragments en grès colorié (provenant du temple
de Cléopâtre et Césarion), notamment une tête à
disque et cornes d'Hathor et débris de la plaque avec
cartouche stuqué de Caligula (voir p. 38).

3. Au milieu, petite statuette en calcaire poli d'un
personnage drapé, sans doute un prêtre, tenant un
crocodile dans la main gauche (*fig. 27*). On connaît
la popularité des dieux-crocodiles — sans doute
à titre d'épouvantail comme Bès — à l'époque
gréco-romaine : en dehors de différents composés
de *Souchos* (forme grécisée de *Sovkou*), on l'avait
appelé aussi, par antonymie, Pnéphérôs, le dieu
« au beau visage ». — A droite, petite tête de femme
ayant servi d'applique dans une maison romaine
(II, 686) ; tête de pharaon coiffée du *klaft* (II,
1.470 — H. 0,15) et tête d'homme grimaçante, —

tête d'Osiris couronnée de l'*atef* en léger relief (I, 521). — A gauche, tête d'homme jeune, en pierre, de travail grossier et tête de roi coiffée du *pichent*, — deux spécimens du signe de Mîn, l'un en relief peint sur grès, l'autre sur calcaire incisé (I, 1).

27. — Prêtre au crocodile

4. Au milieu, disque solaire entre les cornes d'Hathor, tête de lion (II, 816; comme II, 686, cette tête provient de la maison au puits ; cadre V, photo 32), et tête de démon grimaçant ayant orné la table-support copte placée sous 20 (p. 56), — petite tête de faucon, — tête d'Horus, symbole du ciel (I, 41).

Vitrines II et IV

Ces vitrines contiennent des spécimens des objets d'usage domestique recueillis dans les maisons de Koptos : la plupart étaient de basse époque romaine, IIIᵉ-Vᵉ siècles.

On ne saurait donner une description détaillée de toutes ces pièces de vaisselle et de poterie grossières. On n'indiquera sur chaque rayon que les séries ou pièces notables parmi ces ustensiles de ménage.

VITRINE II. — *1.* Grandes jarres à surface cordée et extrémité en pointe atteignant 0,80-0,90 ; ce sont ces jarres qui, pour l'huile et le vin jouaient le rôle de nos tonneaux ; l'extrémité était enfoncée en terre ou tenue dans un piédestal (cf. fig. 19). — Amphores avec anses de part et d'autre du col et avec bec au haut de la panse ; c'est le type encore courant en Égypte comme aiguière sous le nom de *ballalis*, nom qui vient de Ballas, en face de Koptos (Haut. 0,15 à 0.50).

Petites coupes, avec pied ou sans pied, si ouvertes qu'elles n'ont pas du être faites pour recevoir des liquides, mais pour servir de réceptacles à des objets. Tuyau circulaire, évasé inférieurement, orné d'un décor de zones striées de guirlandes : sans doute le pied d'un grand lampadère (H. 0,45. Diam. 0,13).

« Bouteille de pèlerin » : panse en sphère aplatie à

col flanquée de deux anses (H. 0,18 trouvé au temple du Centre. Cf. l'ampoule de St-Ménas, p. 131).

2. Jarres du type de nos « pots à lait » à une ou deux anses ou sans anses, — petites amphores avec ou sans bec latéral, — vases encore plus petits (h. 0,06 à 0,14) qui devaient contenir des essences ou des encens ou servir comme burette à huile.

3-4. Petits vases globulaires avec ou sans anses et vases minuscules qui, avec leur anse placée au-dessus de l'ouverture, ressemblent à des paniers ou à des lampions en miniature (h. 0,04 à 0,06).

VITRINE IV.—1. Autour d'un gros vase bas en forme de chaudron, on a réuni les objets en pierres d'usage domestique : des plats circulaires, des mortiers et pilons à grains, des poids et pesons, des flacons en verre épais. Des fragments de verrerie fine à belles irisations sont exposés dans des casiers vitrés ; les tessons de verrerie plus grossière sont réunis dans des bocaux ; les clous et morceaux de fer sont groupés dans des boîtes — remarquez une hache et une faucille (I, 398) — ainsi que les débris de bronze.

2. Au milieu, grand couvercle de pot circulaire, flanqué d'une part d'un bassin en forme de sabot, probablement un four de potier, d'autre part d'un gros vase sphérique en forme de gourde ; sur le devant, vases grossiers, cylindriques ou tronconiques, à parois très épaisses, sans doute en par-

tie faits à la main. Il en est de même des cruches, écuelles, sébilles, godets, coupes, gobelets, terrines, vases en forme de corbeille (on remarquera un de ces derniers qui est gémellé), petits récipients de toute sorte qui remplissent les rayons 3 et 4 : beaucoup des pièces épaisses ont dû servir, jadis comme aujourd'hui, de casseroles pour la cuisine des fellahs.

M. Gaillard, directeur du Muséum à Lyon, a bien voulu procéder à la détermination des rebuts de cuisine ou des reliefs de table trouvés avec cette vaisselle : comme animaux de boucherie on reconnaît de la chèvre et du cochon, comme poissons le *lates niloticus*, de nombreuses coquilles de la Mer Rouge.

Vitrines à gradins I–II

En face des vitrines-armoires, on a placé deux vitrines à gradins V, VI. Elles sont destinées surtout aux petits objets que leur nature ou leur état de conservation permet d'exposer dressés et à ceux qui, plus précieux, demandent à pouvoir être mieux mis en vue.

Vitrine I. — Au sommet, on a placé les pièces les plus remarquables. Un Osiris en stéatite d'un admirable fini devant la base duquel est agenouillé le donateur minuscule ; son nom est inscrit au dos du montant d'appui : *Djod-Ptah-Aoufânkh, fils de Tefnekhtef*, probablement du Nouvel Empire (XXIVe dynastie d'après le nom du père ?) (II, 999 — H. 0,20

— L. 0,21 : *fig. 28*). — Un lion couché, dans une stéatite plus claire. — Un bras d'homme en bronze creux, la main fermée sur le manche d'un petit brûleur d'encens. Cette pièce ne provient pas d'une statue, mais doit être un ex-voto du Nouvel Empire (I, 217 — L. 0,24 ; acquis à des indigènes de Kous, près Koptos: (*fig. 29*). — Deux petits bronzes d'applique d'époque romaine : un Bès en pied et un buste qui représente probablement un Faune (II, 2099 et 2100)

Sur les deux gradins du côté long tourné vers la fenêtre, on a disposé tous les fragments de *statuettes votives d'Osiris*, debout ou assis, en stéatite et en calcaire, diversement polis ou teintés. Il y a là des pièces de toutes dimensions (la longueur des bases va

28. — Osiris

de 0,04 à 0,014) ; la plus petite pièce exposée mesure 0,05, (I, 448), la plus grande 0,26 (1, 166) ; dans I, 624, le buste seul mesure 0,20, les têtes mesurent de 0 03 (I, 300) à 0,09 (II. 101). Certaines sont d'un beau galbe ; malheureusement, elles sont toutes brisées. Les attributs des pièces où ils sont conservés — couronne *alef*, crochet et fléau — ne permettent pas de douter que toute la série ne se rapporte à Osiris ; ces statuettes étaient autant d ex-voto au dieu, le fidèle inscrivant

parfois son nom sur la base ou sur le montant d'appui.
On remarquera deux pièces ébauchées (I, 347 et 923)
et un éclat latéral d'un Osiris assis avec le siège soi-
gneusement ciselé ; un autre éclat semblable peut
appartenir à un autre dieu qu'Osiris
ou à un roi comme la pièce I, 38
(personnage assis à pagne) à côté
de laquelle il a été placé ; de même,
la partie médiane d'un personnage
en calcaire blanc tenant l'*ânkh* (I, 44).
Ces pièces doivent être d'époque
pharaonique, à l'exception de quelques-unes moins bien travaillées
comme le profil placé au milieu du
rayon inférieur.

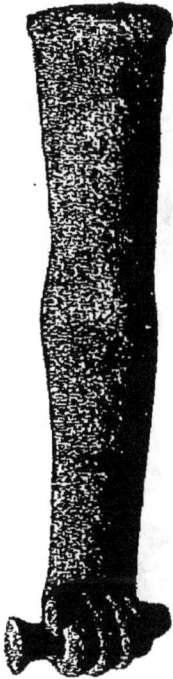

29. — Bras votif
en bronze

*Sur le long côté opposé, on a dis-
posé les statuettes de pierre qui se
rapportent à Isis et à son fils Harpocrate ainsi qu'aux divinités qu'on
leur a associées ou identifiées à l'époque gréco-romaine.*

On remarquera les pièces suivantes :

Buste d'une *prêtresse* tenant sur sa poitrine le sistre
d'Hathor, peut-être une de celles qui, sous le nom de
« recluses de Mîn », formaient le harem du dieu
(I, 111. — H. 0.07) et une partie de la perruque d'une
grande statuette féminine de la même époque : cette

époque, à en juger par le type de la coiffure, est
celle de la XVIIIᵉ dynastie (*fig. 30*).

30. — Prêtresse au sistre

A la même époque remonte peut-être une *Thouéris*

en calcaire admirablement poli ; Thouéris est l'hippo-
potame femelle dont les Égyptiens avaient fait la
déesse de l'accouchement. Quand la statuette n'était
pas brisée, Thouéris devait s'appuyer de ses deux
pattes de devant sur des nœuds *oua*, signe qui dérive
sans doute de l'utérus flanqué des ovaires (II, 99. —
H. 0.06).

Statuette de femme en schiste ardoisier bleu gris :
elle relève de la gauche un pan de sa draperie sur le
genou. C'est une très belle pièce de l'époque alexandrine. Comme elle a été trouvée dans la chapelle de
Min au Grand Temple, elle représente peut-être la
même prêtresse que I, 111 sous sa forme grecque.
(II, 1607. H. 0,25.)

C'est une Isis-Aphrodite que devait représenter le
fragment de statuette féminine, en marbre gris veiné
de rose, placé au pied de la précédente : la main
droite presse le sein gauche dans un geste qu'on
retrouvera dans les figurines en terre cuite (I, 80).

On a quatre *Isis assise*, dont deux avec Harpocrate
sur les genoux ses jambes pendant à droite (en
calcaire poli), et deux sans Harpocrate. Sur le ventre
du n° 1868, les fellahs à qui elle a été acquise, ont
gravé une sorte de tête (II, 1868-9. H. 0,10 à 0,17).

Harpocrate accroupi tenant une grappe de raisins.
Granit rose. I, 36. H. 0,21 (*fig. 31*).

Deux mains gauches fermées sur un rouleau, débris

de statues gréco-romaines de grandeur naturelle : I, 30 en marbre, 34 en calcaire.

Aux deux extrémités, on a placé deux pièces qui formaient sans doute des sommets de sceptres divins

31. — Harpocrate

ou sacerdotaux en calcaire : I, 627 est formé par quatre têtes d'Hathor — II, 105 par quatre personnages adossés, deux drapés et deux nus.

Sur un des petits côtés, on a groupé les statuettes en pierre des divinités mâles autres qu'Osiris et qu'Harpocrate.

La plus remarquable est un Mîn nu; le large collier et la chaînette où pend le pectoral ornent seuls la poitrine; deux bracelets entourent le bras droit, dont la

5.

main serrait le membre viril; le bras gauche, brisé, était probablement levé pour tenir le fléau, comme sur le fragment II, 315 placé auprès, ainsi que les jambes d'un autre Mîn plus grossier (I, 46). Stéatite d'un poli achevé (*fig. 32*).

H. 0,125 — Une statuette semblable, mais où le bras gauche a la même attitude que le droit sur notre exemplaire, prov. de Koptos, au Musée du Caire, Daressy, *Statues de divinités*, n° 38070. *Rapports*, II, p. 68.

Buste de Sérapis; le bas du buste drapé, un collier à pendeloque au cou, un voile sur la tête.

Rapports, II, p. 68.

Deux têtes de Sérapis beaucoup plus grossières, l'une en plâtre, l'autre en calcaire. La première, dont il ne reste que le masque, présente une sculpture fouillée et violente qu'on a retrouvée dans un groupe

32. — Mîn

d'œuvres alexandrines : on dirait des coups d'ébau-
choirs ; comme elle est en plâtre, il doit s'agir ici d'un
modèle.

Statuette d'Esculape s'appuyant de la gauche sur
le bâton où s'enroule le serpent. Stéatite verte.
(II, 158 — H. 0,11).

Deux têtes de Pharaon, en calcaire : l'une, très petite (peut-être féminine) brisée sous la bouche (II, 70),
l'autre plus grande est brisée au-dessus du nez (II,
3, 27).

Main de personnage offrant une statuette, et fragment de doigts allongés (II, 14, 46).

Horus sur le dos d'un crocodile. Fragment de stèle en
calcaire avec hiéroglyphes sur le revers et sur la tranche.
(II, 10 — L. 0,09). — On s'en servait sans doute comme
d'un talisman contre les crocodiles, de même que

trois crocodiles, un en schiste ardoisier, (I,306) les
deux autres en calcaire (II, 171).

Tête de volatile, sans doute un coq.

Deux plaques minces en calcaire bien poli ; ce sont
probablement des modèles de sculpteur : I, 57, est un
buste d'homme à grand collier orné (on voit encore
des traces de la « mise au carré »). — I, 59, montre
deux béliers superposés, celui d'Amon au-dessus,
celui de Mendés au-dessous ; probablement le sculp-

teur s'était exercé à figurer les 4 béliers sacrés (H. 0,135 — L. 0,18) (*fig. 33*).

33. — Béliers sacrés : **modèle de sculpteur**

Un fragment en schiste verdâtre, avec portion de roi ou dieu à pagne historié et tenant l'ânkh, (II, 1007) doit être aussi un modèle, à en juger par le quadrillage qu'on y distingue.

Sur ces modèles de sculpteur, cf. Edgar, Catalogue du Caire, *Greek moulds and sculptor models* (1903).

*Sur le petit côté opposé, on a réuni, sur le 2ᵉ gradin.
quelques pièces disparates :*

Grand vase à parfums en albâtre, I, 40. — H. 0,16.

Haut d'une petite stèle cintrée avec les cartouches
de *Amenhotep Zeser-ka-Râ*, Aménophis I (env. 1557-
1501) (I, 431).

Haut d'une autre petite stèle avec tête d'Osiris.

Deux empreintes de pied sur calcaire. C'étaient des
ex-voto[1].

Au gradin inférieur, les *pièces prédynastiques*
trouvées ou acquises à Koptos. Partout où la fouille
a atteint l'argile jaune qui forme la terre vierge, on
a rencontré des silex indiquant que le site de Koptos a été habité dès l'époque de la pierre taillée. Ce
sont surtout des éclats d'un silex blond, très rarement
foncé (II, 157), lames fines qui ont dû servir comme
grattoirs, burins ou poinçons et qui correspondent aux
pièces du *magdalénien* en Europe (paléolithique supérieur); le poignard en feuille de saule, en silex brun
(I, 645. — L. 0,12), a été acquis; en Europe, il se clas-
serait au début du Néolithique. Au Néolithique, en
Égypte, on a commencé à polir les pierres dures en
haches et cet art a duré sous les premières dynasties
puisque, à côté des haches polies de galbe ovoïde

1. Pour des-voto semblables à empreinte de pied provenant
de Koptos, voir J. Capart, *Monuments égyptiens du Musée de
Bruxelles*, III (1901).

usuelles au Néolithique (I, 348 et 2 autres), on en trouve dont la forme dérive visiblement des haches de bronze, à lame convexe et longs côtés rentrant pour l'emmanchement, qui sont restées longtemps en usage dans l'armée égyptienne (I, 76. — L. o.13). Les palettes en schiste ardoisier appartiennent également à la fin de l'époque préhistorique et au début de l'époque historique; ces plaquettes, de contour généralement losangique plus ou moins ovalisé, ayant souvent une légère dépression au centre, on y a vu des palettes à broyer le fard ou, plutôt, l'ocre et l'antimoine dont les Egyptiens paraissent s'être servis de bonne heure comme tatouage; mais il est possible qu'il y faille voir seulement des objets religieux, semblables aux *churingas* australiens. Nos deux exemplaires sont en forme de poisson, l'un allongé, comme un oxyrhinque (L. o,28), l'autre au ventre gonflé comme le tétraodon du Nil (II, 182. — L. o,12; graffites arabes; trou de suspension).

La poterie préhistorique est représentée ici par trois spécimens, I, 287, 334 et 335, tous trois acquis à des indigènes et provenant probablement des nécropoles prédynastiques qui s'allongent, en face de Koptos, sur la lisière du désert libyque. Ils sont caractéristiques de trois styles différents, dont chacun correspond sans doute à une période. Le plus ancien serait I, 287 (H. o,12; diam. o,12) dont la forme paraît inspirée par celle des œufs ou de certaines écorces de fruits ovoïdes.

Dans I, 334 (H. 0,25 ; diam. 0,12), dont la forme est celle d'une longue calebasse, l'hématite a gardé sa belle couleur rouge qu'un polissage a lustrée ; seules, les lèvres, qui étaient sans doute trempées dans une teinture de sulfure de plomb ou de manganèse, ont vu l'hématite passer au noir[1]. Le plus ancien décor a consisté en lignes imitant la vannerie, lignes peintes en blanc sur des vases de ce type.

Puis est venu le type auquel appartient 335, vase sphérique reconstitué d'après la partie supérieure; le fond a conservé la teinte de l'argile beige clair, le décor est formé de spirales peintes en rouge; les vases de ce type sont sans doute dus à l'imitation de certains vases en pierres dures veinées et mouchetées dont la fabrication a atteint sa perfection à la fin de l'époque prédynastique. Nous n'en avons comme spécimen que quelques fragments (I, 290 : granit noir veiné de blanc).

VITRINE II. — *On a réuni dans cette vitrine les figurines gréco-romaines en terre cuite qui, possédant plus ou moins complètement leurs deux faces, pouvaient être exposées debout. Toutes celles qui, soit qu'elles fussent réduites à un côté, soit parce qu'elles étaient trop mu-*

---

1. Diverses explications de l'enduit noir qui revêt l'intérieur ou les lèvres des vases rouges ont été données par Flinders Petrie, *Arts and Crafts of ancient Egypt* (1909), Mac Iver, *Areika* (1909) et E. Guimet, *Société d'Anthropologie de Lyon*, janvier 1909.

tilées, ne pouvaient être exposées qu'à plat, ont été disposées par séries dans les vitrines-tables.

Dans la vitrine VI, l'arrangement par séries n'a pas été scrupuleusement observé pour obtenir une meilleure présentation de l'ensemble. Mais les pièces notables seront citées ici selon les séries auxquelles elles appartiennent.

Du côté tourné vers la fenêtre, on a réuni les spécimens de la *déesse féminine :* les déesses grecques Aphrodite, Déméter, Perséphone, Artémis, Athéna sont peu à peu venues ajouter certains de leurs traits à l'Isis indigène déjà confondu avec Nephtys, Nouït et Hathor : ce syncrétisme ne permet pas de donner un nom précis à chaque type de nos déesses. On ne signalera ici que les plus notables.

Buste d'Isis entre deux colonnettes qui devaient être surmontées chacune d'un uraeus, sans doute les déesses de Haute et Basse Égypte, Nekhbet et Bouto (II, 1611 — H. 0,13). Deux bustes de déesse casquée avec amorce d'une lampe remplaçant les bras : compromis entre Isis et Minerve (II, 904 et 217 — H. 0,16). Autres têtes casquées de même taille (I, 78, II, 160 et 262).

Aphrodite à sa toilette : un bras plié au coude et l'autre complètement relevé, la déesse se coiffe; le reste du corps est soit complètement nu, soit muni d'une draperie tombant des hanches (II, 1150); ailleurs, le corps est nu, la draperie posée sur un tronc

d'arbre, selon le type de la Vénus au bain (II, 1832)
La déesse pouvait être assise dans un grand fauteuil
d'osier, faisant le même geste, le bas du corps drapé
(I, 12 — H. 0,09), ou debout, tantôt sévèrement drapée
(II, 1107 a la situle d'Isis à la main gauche), et tantôt
le sein nu (II, 1526), tantôt cachant le sexe et tantôt le
dévoilant (I, 817 — H. 0.21). Pour les têtes et leurs coiffures voir p. 107. On ne peut affirmer qu'elles appartiennent à des déesses que lorsqu'elles portent la coiffure hathorienne (notez II, 285 qui est peint), le casque
à cimier haut (II, 226, peint) ou surbaissé (II, 160,
898, 1616, etc.), peut-être aussi la coiffure classique
d'Artémis (II, 1510, 1480). — Une grande Isis assise,
seins pendants, *cornucopia* à droite, enfant à gauche,
d'un travail grossier de basse époque (I, 526 — H. 0,21,
cf. *fig. 35 a*) nous mène aux Harpocrate.

*Aux extrémités du rayon inférieur du même côté, sur
le rayon supérieur et sur le côté opposé,* on a disposé
une série variée d'*Harpocrate*[1]. On sait la popularité
dont cette forme d'Horus — *Hor-pe-chroud* « Horus
l'enfant » — a joui dans l'Égypte gréco-romaine ; on
a vu qu'il paraît avoir eu un temple à Koptos (cf.
p. 33). Le type le plus courant le représente accroupi, parfois sur un lotus, les jambes pliées
sous lui, la main gauche sur le genou gauche,

1. Dans la description d'ensemble des variétés d'Harpocrate
présentées par notre collection qu'on donne ici, on a fait également rentrer les pièces qui se trouvent dans la vitrine plate 4.

la droite sous le menton, les doigts repliés sauf
l'index qui vient se placer à la commissure droite des
lèvres, dans le geste enfantin dont on fit le symbole
du silence mystique : *quique premit vocem digitoque
silentia suadet*, dit de lui Ovide *(Mel. IX,* 692). Sur la
poitrine, un fermoir orné suspend à un collier un
croissant presque fermé (*lunula*) ou un disque (*bulla*) ;
la tête est coiffée d'une couronne qui ne laisse passer
que la grande tresse à droite, insigne des héritiers
du trône en Égypte, et d'Harpocrate, en tant que fils
d'Osiris ou d'Horus.

De la plupart des pièces, il ne reste que la tête ;
elle est ou isolée ou attenant à une plus ou moins
grande portion du buste. La main droite peut être
placée comme on vient de le dire, ou deux ou trois
doigts peuvent venir cacher en partie la bouche,
ou encore la main peut n'être pas à la bouche.
Les variations portent surtout sur la coiffure. Elle
peut être purement égyptienne comme le triple
atef sur les cornes de bélier, ou gréco-égyptienne
comme le bouton de lotus simple (souvent dans
la couronne pharaonique), double ou triple, isolé
ou flanqué de feuilles de lierre, à même les cheveux
ou sur une sorte de « crêpon », probablement une
perruque rituelle (II, 1220, 1692) ; elle peut être purement grecque comme une guirlande de fleurs ou le
polos de Sérapis (II, 315) ; elle peut comporter des
bandelettes savamment nouées sur le front et combi-

nées avec des feuilles de lierre, un diadème en demi-
cercle d'où un voile pend par derrière (5 pièces),
ou une couronne de feuilles de lierre dressées de
façon à simuler une couronne radiée (4 pièces) ou
un bonnet phrygien (II, 385 ; 1227) dont la forme est
plutôt celle de la *kausia* macédonienne (II, 547, 2073).
Comme on le voit, le front nu avec tresse (II, 354,
1905) caractéristique de l'Horus enfant des Égyptiens.
a fait place aux cheveux bouclés et enguirlandés (II,
425, 2060) des dieux-enfants gréco-romains dans ces
combinaisons où Harpocrate tend de plus en plus à
s'identifier avec les Amours potelés des Grecs, ou au
jeune Bacchus, avec le lierre et les pampres, ou à
Télesphoros, le fils d'Esculape, avec son capuchon
pointu, identifications qui résultent de celle de son
père Osiris soit avec Attis et Adonis, soit avec Dionysos et Esculape.

Dans les pièces complètes, on peut, à côté du type
coutumier, distinguer les variétés suivantes :

1. Harpocrate au bonnet conique : ces Harpocrate
ont presque toujours le front bas, le nez épaté et les
lèvres épaisses des jeunes Nubiens, dont ils ont aussi
les cheveux tombant en tresses multiples (II, 1872 : le
haut seul reste, coiffé d'un bonnet conique : H. 0,16).
Aussi, sans les pampres qu'on distingue dans les
cheveux et sans la forme de bouton de lotus que
prend parfois le bonnet, pourrait-on hésiter à y voir
un Harpocrate.

Dans certaines pièces de cette série, la coiffure, courbant sa pointe en avant, prend l'aspect d'un bonnet phrygien.

2. Harpocrate au maillot orné de la *bulla* (2 pièces dont une peinte); peut-être cet emmaillotement était-il d'abord celui de la momie osirienne.

3. Harpocrate au bouclier : il semble s'appuyer de la gauche sur un bouclier ovale posé sur le socle (II, 1537 — H. 0,13). On sait qu'Harpocrate doit les attributs guerriers qui lui sont souvent donnés à Horus dont il est une forme enfantine.

4. Harpocrate au vase, celui que les Grecs paraissent avoir surnommé *chernibopastes* : il tient une grosse urne dans le bras gauche; c'est l'urne d'Isis-Nouït qui contient l'eau de purification ou l'eau de vie (II, 1776).

5. Harpocrate au panier : il tient sur les genoux ou dans le bras gauche un panier tressé en vannerie qui contient des fruits. Ce panier équivaut au panier semblable ou à la corne d'abondance d'Isis.

6. Harpocrate à l'oie : accroupi sur un socle rectangulaire, il tient une oie pressée contre sa poitrine. L'oie est venue à Harpocrate à la fois du Geb égyptien dont elle est l'attribut et de Ianiskos, génie du cortège d'Esculape dont les Grecs ont fait « l'enfant à l'oie » (II, 1718 — H. 0,16, traces d'un lampion sur le socle).

7. Harpocrate au bélier : il s'appuie sur l'animal dont le diadème montre qu'il est celui d'Osiris-Amon. Dans d'autres pièces, dont nous n'avons pas d'exemple complet, Harpocrate était figuré chevauchant l'oie ou le bélier, le cheval ou le chameau.

La popularité de la figure d'Harpocrate a amené à s'en servir pour décorer des bibelots qui prenaient ainsi un caractère d'amulette. C'est comme tel qu'il faut considérer les pièces des trois catégories suivantes .

8. *Harpocrate-lampe* : sur une lampe-veilleuse, au-dessus de l'ouverture rectangulaire, le masque d'Harpocrate est modelé, ses cheveux bouclés mêlés de feuilles de lierre; le chapeau pointu qui les coiffe forme en même temps cheminée pour la fumée; le tout est encadré entre deux colonnettes surmontées des deux uraeus à tête humaine (H. 0,19 dont 0,06 pour l'ouverture de la lampe). La lampe peut-être aussi simplement détachée sur le socle au-dessus duquel Harpocrate est accroupi (cf. II, 1718 et vitrine 9) (p. 125).

9. *Harpocrate-panier* : sur une face d'un panier à anse, de contour losangique, le masque d'Harpocrate est modelé; ses cheveux bouclés sont mêlés de feuilles de lierre et de pampres; les oreilles forment les renflements latéraux; l'extrémité inférieure, figure la naissance du cou, parfois allongée de façon à donner l'idée d'un bouton de lotus; parfois, les cheveux sont

indiqués sur la face postérieure (II, 5 16, 1218, 1270, 1541, 1618, 1809, 1982. La hauteur varie de 0,07 à 0,11).

10. Harpocrate-grappe : par suite de la confusion entre Harpocrate et le jeune Dionysos, — confusion qui alla jusqu'à gréciser Harpokratès en Karpokratès « le maître des récoltes », — des vases en forme de grappes ont vu leur col s'orner de feuilles de vigne encadrant une tête du jeune dieu, le goulot surmontant sa tête comme un *polos*.

Notez encore deux Harpocrate accroupis en émail bleu égyptien (II, 1547, 1997).

Nos deux exemplaires de vases du type 10, ayant perdu le col orné des pampres, ont été placés à la vitrine 6 ; mais la restitution ne fait aucun doute d'après les exemplaires reproduits dans le *Catalogue des figurines gréco-égyptiennes de la Glyptothèque Ny Carlsberg*, 160-161.

Une belle série d'Harpocrate du Musée Guimet de Paris et de celui Lyon a été publiée par E. Guimet, *Le dieu aux bourgeons*, notice avec 30 fig. extr. des *C. R. de l'Acad. des Inscr.*, 1905. — Pour les terre-cuites gréco-égyptiennes en général voir, outre le *Catalogue* cité de celles de Copenhague, par V. Schmidt (1911), celui des séries acquises pour Francfort par K. M. Kaufmann (*Die aegyptischen Terrakotten d. griech-roem. Epoche*, (Le Caire, 1913), et celui des séries de Berlin que prépare W. Weber.

On a réuni sur le même côté quelques autres pièces se rapportant à des *dieux gréco-égyptiens*.

Quatre têtes de Sérapis, une coiffée du *polos* simple
(II, 300), deux du *polos* sur le devant duquel se dresse
le triple *atef* sur corne de bélier tandis que des
cornes de bélier se recourbent dans la chevelure
(II, 250) : c'est donc un Sérapis-Amon, Sarapa-
mon ; une autre porte une coiffure à bandelette qui
rappelle plutôt le Saturne catharginois (II, 1792).

Des Bès–Papposilène : trois sont complets jusqu'au
bas-ventre que dévoile leur main droite tandis que la
gauche tient une corne d'abondance (II, 1534 et 1878)
ou une palme (II, 1777) ; cinq sont réduits à la tête
(dont un. II, 209, devait former le haut d'un instru-
ment de toilette). Un Geb-Kronos (?) drapé tenant une
oie des deux mains (II, 1871. — H. 0.19). Remarquez
encore : des cynocéphales accroupis et obscènes, une
momie dans son riche cartonnage II, 1490), des
fragments d'édicules votifs (quelques autres dans la
vitrine 1, p. 101 et 125).

*Sur les petits côtés on a disposé les exemplaires les
plus complets des animaux dont la plupart se voient
à la vitrine 2.*

Chameau harnaché : une courroie, parfois ornée de
clous, au poitrail, une autre à l'encolure, un licol et
les narines percées pour recevoir une bride (II, 1257).
Un chameau porte une femme assise de côté. Sur d'autres (II, 1993 et un ex. peint), l'espèce de bâche ou
de pavillon qui s'élève au-dessus de l'arrière-train
doit être censé abriter des voyageurs ou des ballots :

c'est sous cet aspect que se présentent encore en pays arabe les femmes voyageant à chameau. On sait que les chameaux d'Egypte, n'ayant qu'une bosse, rentrent dans l'espèce que l'on distingue généralement sous le nom de dromadaire et qu'ils ne sont devenus nombreux en Egypte que lorsque les Ptolémées l'ouvrirent au commerce de l'Arabie dont Koptos fut le grand débouché. — On a placé, devant ces chameaux, une plaquette représentant des oiseaux becquetant un palmier-dattier (I, 1326 et un fragment d'une scène semblable plus grande).

Cheval caparaçonné : tapis en forme de selle à quartiers maintenu en place par deux sangles, une longe-poitrail et une croupière; les brides sont tenues par une têtière, un frontal et une sous-gorge (les courroies sont parfois garnies de clous ou de phalères) (II, 638 — H. 0,16 — L. 0,15 : l'arrière-train et les membres manquent). — Deux de ces chevaux sont montés par un cavalier (II, 1479 et 1613). — Devant, tête de coq et combat de coqs.

Chien d'Isis-Sothis : il ne reste que l'avant-train avec les jambes courtes, le poitrail couvert de longs poils, la grande tête encadrée entre les oreilles pointues et un large collier de poils; il porte sous ces poils, formant barbe, un collier ou un ruban auquel pend une clochette (II, 1775 ; — H. 0,20). On voit par les pièces de la vitrine 2 (p. 105) que le reste du corps était également couvert de poils et que la queue était figurée enroulée sur la croupe. Il subsiste des traces d'un disque s'élevant sur la tête entre les oreilles; c'est ce qui explique la fréquence de ce chien, d'un type inconnu à l'Égypte pharaonique. Les Grecs en avaient fait le symbole d'Isis-Sothis qui, dans les figurines d'autres collections, est représentée le chevauchant. Les Égyptiens avaient vu Isis dans l'étoile Sothis, notre Sirius, dont l'apparition au ciel oriental vers le solstice d'été annonçait la saison des pluies et de l'inondation : les Grecs appelant cette étoile « le chien » (notre canicule), Isis-Sothis fut figurée chevauchant un chien sur la tête duquel resplendit l'étoile; peut-être la clochette à son cou a-t-elle aussi une valeur d'amulette.

Pour le chien lui-même, il est du type dit *chien de Malte* qui aurait été connu en Égypte depuis une haute antiquité. Cf. Keller, *Hunderassen im Altertum, Oest Jahreshefte*, VIII, p. 245. D'ailleurs, une déesse accompagnée d'un chien de même type se voit parmi les figurines de la Gaule romaine où l'on trouve aussi toutes les variétés d'Aphrodite ou de femme nue de la vitrine 3.

Grande tête de bouquetin ou onyx à cornes droites et torses, terre cuite pleine (L. 0,13).

6

VITRINES-TABLES

Vitrine 1

On a réuni dans cette vitrine tous les petits objets en bronze, pierres rares on faïence dont la plupart ont le caractère de bibelots ou d'amulettes.

Dépôts de fondation. Sous les organes essentiels des temples égyptiens, on répandait, dans une couche de sable fin, des amulettes : petits Osiris souvent réunis par groupes en brochettes minuscules, emblèmes divins tels que coiffures, sceptres, rochets souvent ornés d'émaux, clous, boumerangs, etc. Nos fouilles ont retrouvé trois de ces dépôts en place :

Près de la colonne B du Temple du Centre : 8 petits Osiris isolés, 5 groupes de deux Osiris accolés, 1 groupe de trois, 1 de cinq, 3 Osiris plus grands et 7 emblèmes divers (I, 96).

Près de la colonne A du même édifice : 2 têtes d'Osiris, 4 Osiris isolés de dimensions diverses, 2 groupes de deux, 1 groupe de trois et 1 groupe de six Osiris minuscules, 5 emblèmes, 5 clous et 2 frag· ments du côté droit d'une statue assise d'Osiris en calcaire vert (I, 270).

A la Grande Porte (9 du plan des fouilles exposé),
épars sous le rebord des fondations, quelques Osiris
et quelques clous (II, 152).

On a placé auprès de ces dépôts quelques autres
Osiris en bronze (I, 442, 569; II, 116), notamment la
portion médiane d'une grande pièce où le bronze paraît
avoir été martelé sur un noyau de terre cuite (I, 569)
et le gond de la porte du Temple du Centre (I, 126);
il reposait sur la base historiée en albâtre de Nektanébo I (aujourd'hui au Louvre).

Sur le même velours sont rangées d'autres amulettes en bronze: égide de Bastit, tête de sistre ha-
thorien, cornes de bélier et de taureau, plumes
d'Amon, bandelettes ciselées et chaînettes fines.

Emblèmes de dévotion. Ce sont d'abord les *oushablis*,
ces *répondants* qui représentent le mort en momie
osiriaque et qui doivent leur nom à ce qu'ils sont
censés *répondre* pour le mort quand, dans les champs
de l'autre monde, il est appelé à son tour pour tra-
vailler; bientôt, la signification originelle s'altérant,
ils finirent par avoir place comme objets de dévotion
dans les temples et les maisons. C'est là que nous
en avons recueilli 17 en terre cuite non vernissée,
10 avec émail bleu ou vert (I, 81-2, 144-8, 152; II,
311). Il faut en rapprocher les Osiris momifiés avec,
au milieu du corps, le scarabée solaire disqué et ailé,
et la tête d'Hathor (II, 1499).

La série des pièces émaillées présente encore les amulettes suivantes :

L'*ouzaït* ou « œil d'Horus » : d'abord symbole du soleil qui passait pour l'œil de ce dieu, il finit par n'être qu'un talisman contre le mauvais œil. (I, 584, 592 ; II, 1472).

La « tête d'Hathor » : autre emblème solaire à l'origine, Hathor étant considérée comme la vache — plus tard la femme — dont le corps forme la voûte céleste, arc-boutée sur les quatre supports de ses bras et de ses jambes.

La chatte, animal de Bastit, la Bubastis des Grecs, une sorte de Vénus populaire.

Bès, nain grotesque à traits simiesques, devenu, par contraste, protecteur de la toilette, de la beauté et de la volupté.

Harpocrate, Horus enfant, le jeune dieu avec tous les attributs que lui prête l'époque gréco-romaine : on l'a ici accroupi le doigt à la bouche, la jambe droite (II, 1547, 1597) ou la jambe gauche (1996) pliée.

Les uræus (le *nagah haygeh* qui, les joues gonflées, lance un venin mortel): aspics sacrés, généralement appariés, sous la forme desquels on représentait souvent Isis et Osiris ou les déesses du Sud et du Nord, ils finissent par n'être qu'un talisman (I, 498 ; II, 516, 1728).

Un fragment de sphinx (II, 1758).

Comme emblêmes divins en terre cuite, notre collection présente des coiffures d'Isis-Hathor — double plume d'autruche sur disque entre deux cornes bovines (II, 1145, 1178, 1275, 1435, 1468, 1847) — des coiffures d'Osiris-Amon, dites *atef,* plume simple, double ou triple supportant des disques sur des cornes de bêlier (II, 454-5, 1500, 1569, 1570, 1841), — des coiffures de Bès, aigrette de cinq plumes (II, 1957), — des coiffures d'Harpocrate ou d'Isis en bourgeon de lotus (II, 1600, 1656), — quelques rouelles et croissants (peut-être roues de chars en miniature et anses lunulées de lampes). Quelques images de temples, autels, ou édicules votifs complètent la série : la plupart étaient destinées à recevoir des idoles d'Harpocrate accroupi.

Comme amulettes en émail ou en faïence, servant de pendants à des colliers ou bracelets, on trouve : Bastit, Ptah embryon, Anubis, Bès, nœuds de vie *(ankh)* et de ceinture isiaque *(daït),* yeux *ouzaït,* équerres, petits sceptres, enfin dés cubiques pour tirer les sorts.

A côté des amulettes, on a placé sur un carton spécial, une vingtaine de scarabées, dont un grand, en calcaire, au nom de Men-Kheper-Ra (Thotmès III) (I, 433), et un autre en terre cuite embrassant le disque solaire (II, 1673) ; auprès, quelques timbres ou sceaux d'époque gréco-romaine et un *ostrakon,* texte démotique peint en rouge sur un fragment de calcaire (I, 432).

6.

Quelques pièces d'ivoire provenant probablement d'objets de toilette d'époque copte (I, 557), quelques sébilles et godets en pierres rares polies ayant probablement servi également à des usages de toilette, peut-être comme tablettes à collyre, ainsi que des pots à *khol* en albâtre, des boucles, épingles, curettes, petites pinces en bronze, une ramille de laurier (II, 45); quelques spécimens de verre irisé et de verre gravé; des fragments d'or carbonisé (I, 216); une poignée de perles de verre et d'émail provenant de colliers et de pendants; enfin, une petite flèche de bronze à ailerons et pédoncule (I, 602).

Sur le velours placé dans l'angle, on a disposé quelques-unes des monnaies recueillies. Sur environ 500 pièces de bronze, il n'y en a qu'une quarantaine où le nettoyage a permis de retrouver les figures; les grands bronzes sont des Ptolémées; les petits sont surtout de Dioclétien, Maximien, Constantin et Constance.

Vitrine 2

La plupart des pièces qui remplissent cette vitrine et les suivantes ont été trouvées dans la fouille d'une grande butte de décombres qui se trouvait au sud-est de l'enceinte antique. C'est du milieu du Ier au milieu du IIIe siècle après notre ère qu'on semble surtout y avoir jeté les débris ménagers du quartier voisin de la ville. Pour comprendre que presque toutes nos pièces soient brisées, mutilées ou fêlées, il faut se rappeler qu'elles sont toutes précisément des ustensiles ou bibelots de maisons privées jetés au rebut.

Dans la vitrine 2 sont groupées les figurines d'animaux.

Dans une moitié du pupitre de droite, on a réuni toutes les pièces provenant de chameaux. On sait que ces animaux n'ont commencé qu'à l'époque ptolémaïque à être la bête de somme et de transport par excellence de l'Égypte *(chameau* vient de l'arabe *gemel* — en allemand *kamel* — qui signifie *bête de somme ;* dromadaire s'oppose à chameau en tant que bête de *course, dromos* en grec*)*. Ces chameaux étaient représentés harnachés et portant sans doute des personnes ; sur une pièce, on voit le bas d'une femme assise sur la bosse, sur deux autres (3 autres dans la vitrine VI), elle paraît être abritée par de longs voiles qui la cachent et forment comme un pavillon sur l'arrière-train du chameau. La plupart des pièces sont réduites à la tête ; une douzaine conservent l'encolure ; 6 se distinguent par un enduit blanc avec peinture rouge et noire ; 5 parce qu'elles sont en argile noire, plus petites et plus sommairement modelées : peut-être quelques-unes de ces dernières pièces, où manque les touffes de poil au menton et au front, sont-elles censées représenter des chamelles ou des jeunes [1].

1. Peut-être aussi les pièces noirâtres se rapportent-elles au chameau de Bactriane. Lucien raconte qu'une κάμηλος Βακτριανὴ παμμέλαινη fut introduite en Egypte par Ptolémée I (*Prom. in verb.*, 4).

Dans l'autre moitié du pupitre de droite, on a réuni 15 pièces provenant de chiens à long poil du type des « spitz » ou des « loups » (voir p. 97 ; parfois on a plutôt l'impression de têtes de chat), 2 têtes de bélier, et 1 bélier, 3 têtes de lièvre, 1 singe cynocéphale complet et 7 têtes qui doivent appartenir au même animal, 1 cochon, 3 têtes de bœufs Apis, enfin 5 têtes plates à oreilles dressées et à museau allongé au sommet d'un long cou recourbé qui se rapportent certainement à l'animal de Seth[1] : on sait qu'on n'est pas parvenu à se mettre d'accord sur l'identité de l'animal en qui s'incarne le frère ennemi d'Osiris ; on y a vu tour à tour le coucoufa, l'okapi, la musaraigne, le fourmilier, le lévrier ; cette dernière identification paraît la plus probable (*fig. 34*). Les autres animaux groupés

34. — L'animal de Seth

1. On remarquera la colerette qui s'évase à la base du cou (mieux sur une des têtes non reproduites). On la retrouve sous des têtes de chevaux qui terminent les anses de belles lampes d'époque romaine. Peut-être nos têtes proviennent-elles de

ici peuvent également avoir eu une valeur d'idole : on a vu (p. 97) la valeur religieuse du chien d'Isis-Sothis et on sait que les Égyptiens adoraient plusieurs bœufs et béliers divins ; le cynocéphale, adorateur du soleil levant, en était devenu l'emblème; le lièvre était un des emblèmes d'Osiris-Ounnofir, le sanglier un de ceux de Seth.

Dans l'autre côté de la vitrine, le pupitre de droite contient la collection des pièces provenant de chevaux harnachés, surtout des têtes avec ou sans cou. Pour leur harnachement, voir p. 96, pour les cavaliers p. 113.

Signalons seulement une tête à enduit blanc avec œil et crinière peints en noir, un corps semblablement peint (II, 770), et une tête en terre cuite d'un rouge vif (II, 1770), ainsi que trois pièces avec cavalier. Peut-être faut-il plutôt voir des ânes dans la tête 455 en argile grise et dans 1424, l'arrière-train d'une bête portant une outre sur son flanc.

Le pupitre de gauche a reçu la série des volatiles : une quinzaine de poules et oies, une tête de coq, quelques têtes d'oies, notamment une sortant d'un panier, 2 oiseaux aux ailes éployées (pigeons?), en plus 2 scarabées, 1 crocodile, 1 dauphin peint. Plusieurs pièces sont moulées avec de petits pieds ou socles.

manches semblables. Bien entendu c'est sur un socle moderne que pose la tête de la fig. 34. — Sur l'animal de Seth, cf. en dernier lieu Newberry, *Klio*, 1912, p. 398, qui y voit le porc sauvage.

Vitrine 3

Figurines de femmes.

Dans une moitié du pupitre de droite, on a groupé les pièces se rapportant aux déesses autres que l'Isis-Aphrodite nue à qui est consacrée la vitrine 5.

Comme Aphrodite, on peut distinguer trois types : l'Aphrodite au torse nu assise dans une niche à coquille (II, 889, 1396) ; l'Aphrodite au bain, du type de celle que Praxitèle avait sculptée pour Cnide, ou laissant tomber sa tunique sur les hanches, ou complètement nue (II, 580, la jambe ployée), la tunique rejetée sur une urne ; l'Aphrodite se coiffant, « Aphrodite Anadyomène » ou « Aphrodite à la toilette » (2 pièces exposées de dos). — II, 820 est sans doute une danseuse frappant sa cymbale.

Quatre pièces, où l'on voit une femme les jambes nues, la tunique courte plissée par un mouvement violent, sont probablement des « Artémis chasseresses » (II, 585, 1465, 2087).

On reconnaît Athéna à l'égide munie du gorgoneion qu'on voit sur six pièces (II, 236, 567 [tient une patère dans la droite], 925, 1455, 1883). Une plaquette, où un personnage ainsi vêtu tient un serpent dans chacune de ses mains levées, doit figurer *Lyssa* ou une Furie (II, 32).

Six pièces proviennent d'une déesse sévèrement drapée qui, dans quatre d'entre elles, porte la main

au sein, dans les deux autres, tient un oiseau. C'étaient
probablement des figurines d'Isis en déesse-mère. De
même, quelques plaquettes semblent provenir de vases
où la déesse sortait d'un lotus (comme Harpocrate dans
la vitrine VI) ; ou bien elle donnait le sein à Harpocrate ; ou bien, empruntant son geste, elle avait
l'index droit aux lèvres tandis que la gauche tenait
une corne d'abondance (II, 707 colorié, 1656).

Peut-être faut-il rapporter à la même déesse une
figurine également drapée jusqu'aux pieds, tenant un
panier et une autre dont le vêtement est garni sur le
devant comme par une série de boudins tombant l'un
plus bas que l'autre (I, 17. D'après un exemplaire
semblable, — Petrie, *Roman Ehnasya*, pl. I, 122, —
il pourrait s'agir aussi d'un homme ; le meilleur
exemplaire est dans la vitrine VI).

Dans l'autre moitié de ce pupitre, on a réuni les
petites têtes appartenant à des figurines de différents
types féminins, surtout à celui de la déesse nue de la
vitrine 5. Ces têtes ne sont intéressantes que par la
diversité des coiffures. Il en est de même des grandes
têtes réunies sur le pupitre de gauche. Les principaux
types de coiffure peuvent se classer chronologique-
ment ainsi : 1° deux bandeaux s'achevant en tresses
qui forment un catogan noué dans la nuque ; parfois
des frisures sur les côtés (époque *julio-claudienne*) ;

2° une, deux, trois, quatre ou cinq rangées de

boucles étagées sur le devant avec cadenettes tombant
sur les tempes et dans la nuque et chignon carré par
derrière (époque *flavienne*); notez II, 1622 où, sur le
chignon carré, 2 petits personnages sont figurés,
évidemment une plaque de peigne;

3° cheveux frisés sur le devant ou à haut bouffant
(souvent postiche) avec diadème s'élevant en demi-
cercle (époque *antonine*);

4° coiffure basse en bandeaux gondolés ou « à côtes
de melon » (époque des *Sévères*).

A côté de ces têtes, il faut noter encore trois types :

1. Une série de têtes casquées qui doivent avoir
appartenu à des figurines d'Athéna-Minerve (on ne
peut être sûr qu'il s'agit de la déesse — et non d'un
dieu — que lorsqu'on voit des boucles ou cadenettes
s'échapper du casque). Quand ces casques se terminent par un cimier allongé aboutissant à un cercle
celui-ci répond sans doute à une étoile et il doit s'agir
d'Isis-Sothis.

2. Têtes avec cheveux librement ondulés noués au
sommet en chignon ou toupet, coiffure hellénistique
qui pourrait convenir à nos figurines d'Artémis-
Diane.

3. Têtes dont la coiffure forme un édifice deux fois
plus haut qu'elles : sur les cheveux naturels est posé
un diadème en croissant; il est surmonté et flanqué

de vastes crépons postiches ornés aux angles de fleurs ou de feuilles.

Vitrine 4

Figurines d'homme et de dieux. — *Sur le côté droit du pupitre*, on a réuni des figurines d'Harpocrate (pour la description des principaux types, voir p. 89-91) ayant, comme coiffure, bouton de lotus, guirlande, casque, polos, bonnet phrygien, et, comme attributs, corne d'abondance, corbeille à fruits, pot à eau. Certains sont en maillot ; un, le bas-ventre nu, s'étend dans un berceau avec une oie à côté de lui ; deux s'opposent par leur physionomie à la façon de nos « Jean qui rit » (2073) « Jean qui pleure » (547).

Avec les Harpocrate on a réuni deux séries connexes qui ne sont pas toujours aisées à en distinguer : les figurines d'Eros et les têtes grotesques.

Les Eros se reconnaissent aux ailes qui s'élèvent derrière leurs épaules ; ils sont nus et paraissent porter de leurs deux mains sur la poitrine un objet qui peut-être ou une cassette à bijoux ou parfums (certainement pour 765) ou des tablettes (*pugillares*), billets doux que transmet le messager d'amour. Sur les cheveux bouclés, on voit une sorte de capuchon (*cucullus*) comme chez certains Harpocrate (7 pièces). Notez encore deux Eros jouant de la harpe (II, 786 et 676 ; fragments de vases à relief?) et, Eros près d'un autel enguirlandé (II, 1944).

Quant aux têtes grotesques, on sait que les Alexan-
drins héritèrent du goût des Égyptiens pour la carica-
ture. On remarquera des têtes grimaçantes, glabres
et chauves (I, 688), une tête joufflue de joueur de double
flûte (II, 137), une tête de nègre à bonnet conique
derrière lequel tombent quatre rangs de petites tresses
(cf. vitr. VI), un singe portant le casque et le bouclier
(cf. vitr. 2), une autre tête à cheveux crépus et à barbe
courte dont la coiffure est aménagée de façon à ce que
la pièce puisse être utilisée comme vase suspendu
par deux fils (II, 913 ; c est du moins ce qui résulte de
la pièce complète telle qu'on la trouve, par exemple,
dans le *Catalogue des figurines de la Glyptothèque Ny-
Carslsberg*, E, 747).

Sur le côté gauche du pupitre on a rangé sur une
moitié les figurines qui représentent des personnages
armés : cavaliers, fantassins, gladiateurs. Entre ces
deux dernières catégories la distinction est souvent
difficile.

Le cavalier, qu'il soit moulé avec le cheval qui le
portait ou à part, est vêtu de culottes et d'une tunique
à manches courtes et formant foulard autour du cou ;
sur la tunique est placée une cuirasse moulante avec
jupon plissé ; au cou est attaché un manteau qui
tombe sur l'épaule droite ; la ceinture est ou un
boudin d'étoffe ou une courroie ornée de clous
ronds ; le bras droit est levé, comme pour brandir

une lance; au bras gauche est passé uu bouclier;
celui-ci peut être rond avec armature en croix, ovale
avec *spina* et *umbo*, hexagonal avec *umbo* s'élevant
au milieu d'un cercle renforcé.

Les fantassins sont équipés d'une cuirasse moulante
à courte jupe, parfois du *sculum* et du casque à jugu-
laires, ou de la rondache et du casque phrygien.

On a moulé, comme pièces séparées, des cuirasses
(II, 1785), des boucliers (remarquez celui qui porte en
relief une image de Jupiter Dolichenus II, 1940), des
épées (voir pour celles-ci la vitrine 6).

Il faut reconnaître sans doute des gladiateurs plutôt que des légionnaires dans les personnages armés
comme les précédents mais qui ont à la main la
sica, le glaive courbe des gladiateurs dits *Threces*.
Deux petits personnages, tenant la palme dans une
main, sont des gladiateurs vainqueurs ou d'autres
champions du cirque (II, 135 et 766).

On notera le buste grossièrement peint en blanc,
rouge et noir, d'un guerrier aux deux bras levés, le
gauche portant une rondache. C'est une pièce de
basse époque, représentant peut-être un Blemmye
(I, 360; un autre moins net 580).

On a groupé avec ces pièces quelques têtes de
guerriers de différentes nationalités; II, 517 : guerrier grec avec casque des hoplites; II, 1,072 : guer-

rier Perse ou Sycthe à haut bonnet conique en feutre
renforcé par des lanières cloutées; II, 632, 902 etc...
guerriers peut-être Phrygiens en raison de leur
coiffure; ce peuvent être aussi des gladiateurs.

Sur l'autre moitié de ce pupitre, on a réuni, avec
quelques personnages drapés qui peuvent figurer
des magistrats en toge (II, 317, 1579), les figurines qui
se rapportent aux dieux (à l'exception d'Harpocrate).

On peut distinguer, comme divinités purement égyptiennes :

Min : il est figuré ithyphallique, dans son attitude
habituelle, nu, orné d'un grand pectoral qui tombe
au milieu de la poitrine et de bracelets au haut du bras
et au poignet (II, 1406, 1874; 2 autres pièces, don
1956, sont réduites au buste, voir p. 82).

Horus (?) : c'est peut-être à ce dieu, protecteur atti-
tré du Pharaon, ou à un Pharaon, qu'il faut rapporter
deux figurines coiffées du *klaft* à uraeus des rois égyptiens (II, 77 et 1546).

Comme divinités égypto-grecques :

Sérapis : le dieu est reconnaissable à sa barbe ample et soignée, à ses cheveux abondants et bouclés, à
la majesté olympienne que, jusque dans ces figurines,
son visage respire. Sa coiffure permet de distinguer
trois variétés :

Polos simple qui peut être lui-même orné ou non (II, 1179, 1742).

Polos garni d'une coiffure d'Osiris : cornes de bélier supportant un *atef* entre deux plumes d'autruche (II, 1074, 1785).

Diadème semi-circulaire orné des pampres de Dionysos (II, 1670).

Quelques pièces ont reçu un enduit blanc avec rouge aux lèvres (en tout, 14 pièces dont certaines de facture très soignée).

Kronos : C'est sans doute au Kronos mithriaque — le Zervan Akarana, le « temps infini » du Mazdéisme dont la doctrine se développe dès le IIe siècle ap. J.-C. — qu'il faut identifier le personnage masculin qu'un serpent enveloppe de ses replis (II, 1560). C'est peut-être une autre forme de Kronos, celle qui fut identifiée au Geb égyptien, qu'on doit reconnaître dans les personnages portant l'oie ou le vase — emblèmes de ce dieu — qui ne paraissent pas assez jeunes pour être des Harpocrate (II, 1395).

Bès-Papposilène : le Bès égyptien résulte lui-même de la fusion d'un dieu lion ou cynocéphale d'Ethiopie — d'où sa face bestiale et sa queue — avec le Ptah-embryon ou Ptah-Patèque — d'où sa chondrocéphalie —. Il fut confondu par les Grecs avec leur Silène vieilli et alourdi par le vin ou Pappo-Silène. En entrant ainsi dans le cycle bacchique, Bès transforma en barbe et en moustache ses longues mèches léonines, sa crinière en ample chevelure bouclée, et échangea sa couronne de plumes (voir les Bès émaillés de la vitrine 1) contre le polos placé sur une couronne de feuilles et de pampres. Parfois même il reçoit le thyrse (II, 2771) ou une palme ; comme une de ses variétés les plus répandues est celle qui le montre en guerrier, armé de la cuirasse, du bouclier et du glaive. il est possible qu'il faille lui attribuer certaines des pièces sans tête classées avec les guerriers.

Pour les Bès priapiques, voir vitrine 5.

Vitrine 5

Femmes nues.

Dans le côté droit, on a réuni toutes les pièces provenant de ces figurines de femmes nues qui constituent la plus abondante des séries recueillies à Koptos ; c'est à elles qu'appartiennent beaucoup des têtes à chevelures savantes placées dans la vitrine 3.

Il n'est guère douteux qu'on ait voulu d'abord représenter une divinité où Isis-Hathor se mêlait avec Aphrodite-Vénus, conformément à un type plastique dont nous avons de belles réductions en bronze (ainsi Catalogue du Caire, *Greek Bronzes*, pl. II) ; mais. bientôt, on pensa moins aux déesses de la volupté qu'à leurs prêtresses professionnelles. D'ailleurs, des figurines semblables se retrouvent dans toutes les provinces de l'Empire romain.

Aucune figurine n'a été retrouvée complète ; mais

les fragments permettent de reconstituer aisément le type de cette courtisane.

Sous sa coiffure compliquée, la femme est nue, les jambes collées l'une contre l'autre, les attributs du sexe accusés; elle n'est ornée que de bijoux, cercles d'or au cou et aux chevilles, au haut du bras et au poignet.

Les bras peuvent être ou collés aux deux côtés du corps ou relevés de part et d'autre comme des moignons, l'un portant un miroir; parfois, ils tiennent une double flûte, ce qui atteste qu'on est bien en présence de courtisanes.

Une série moins nombreuse montre la même femme nue, assise au lieu d'être debout ou étendue.

Dans le côté gauche, sur le pupitre de droite se trouvent des spécimens des figurines de femme nue de facture toute primitive qu'on n'a rencontrées qu'en petit nombre sur le *kôm* rouge, la plupart dans des maisons d'époque byzantine. Ces figurines étant toute semblables à celles qu'on trouve presque partout à la période préhistorique, il est donc avéré que, dans cette décadence que marque l'époque copte, on est revenu aux types primitifs qui ne s'étaient sans doute jamais perdus dans les classes populaires. Les figurines ne sont pas, en effet, en argile plastique, tirées au moule, et cuites; c'est du limon du Nil, d'un gris jaune sale, travaillé à la main et séché au soleil.

La masse de ces figurines représente des femmes

dont le corps forme ou un tronc (*fig. 35 k*) où une planche (*fig. 35 l*) s'évasant inférieurement ; au haut, quelques pincées dans l'argile ont détaché les seins, des bras étendus en moignons et une tête à qui le nez énorme donne l'aspect d'un bec d'oiseau (*fig. 35 m*). Trois têtes sont d'un art un peu plus avancé, deux avec capuche à l'égyptienne, une avec une vaste perruque tombant de part et d'autre, en deux masses (*fig. 35 i*).

Une demi-douzaine de pièces en argile rosée, jaunâtre ou noirâtre, sont plus fines et plus petites : les jambes y sont marquées par un sillon, les seins plaqués par pastillage ; des incisions au trait ou au pointillé indiquent le sexe, le nombril, une ceinture, une sous-gorge, un collier (*fig. 35 b, c, h*).

A la même série copte appartiennent un homme dont le corps est entièrement couvert de petites encoches vermiculées (*fig. 35 d*) — elles veulent probablement désigner des poils — et un jeune garçon (ou un démon?) qui paraît cramponné à une énorme outre (*fig. 35 g*). De même que ce dernier type se retrouve à Chypre (cf. Behn, *Vorhellenische Altertümer*, pl. VII, 2), quelques chevaux massifs, pourvus ou non d'un cavalier minuscule, rappellent les figurines chypriotes primitives (*fig. 35 f*).

S'il fallait une preuve que ces figurines n'en sont pas moins bien d'époque copte, elle pourrait être fournie par les 8 pièces peintes trouvées dans les

chairs en blanc crême, cheveux, yeux, sourcils, cils,
mêmes maisons qu'on a groupées auprès d'elles.
Ces pièces proviennent de femmes nues se coiffant :
selon le type hellénistique de l'Aphrodite à sa toilette :
mais elles sont peintes à la façon des figurines coptes :

35. — Figurines de type préhistorique provenant des maisons coptes

en noir, vêtements et bijoux en rouge ou en noir,
ou en une combinaison des deux couleurs.

Le pupitre de droite réunit les pièces érotiques ou
obscènes : Bès ou Silène ithyphalliques, Hermaphro-
dite et Baubô, *homo cacans* et *mulier se monstrans*.
Signalons seulement le Silène entre les jambes
duquel paraît une tête d'âne (II, 1123) et les pièces
ithyphalliques où le nombril est mis en évidence par
un cercle ou des rayons au pointillé, procédé qui
relie ce groupe au groupe copte qui se trouve dans
le pupitre voisin (l'une de ces pièces porte une amulette phallique tombant sur la poitrine).

5.

Vitrine 6

Céramique hellénistique et gréco-romaine.

On a classé ces pièces en 7 séries.

1. Céramique grecque :

a) Fragment d'une grande coupe en terre noire vernissée (diam. 0.24).

b) Fragment d'un rebord de petite coupe en terre vernisée très fine avec, en relief, un chien courant.

c) Quelques fragments de vases en terre noire lustrée à reliefs dont la forme est celle dite des « bouteilles de pèlerins » et le décor imité de l'argenterie (cf. Catalogue du Caire : *Greek Vases*, pl. XXIV).

2. Céramique alexandrine inspirée de l'argenterie :

a) 2 fragments de la céramique fine à vernis vert et à reliefs dite de « Mit-Rahineh » (Memphis);

b) 5 anses ou manche de lampes à galbe sinueux, ornées de palmettes, de bonne époque alexandrine. A côté, des manches plus grossiers.

c) Une douzaine de manches de cassolettes, spatuliformes, ornés en relief très mince : les signes du Zodiaque, génies ailés, masques de femmes (L. de 0,08 à 0,15) (*fig. 36*).

Toutes les pièces de ces deux séries appartiennent sans doute aux deux derniers siècles avant et au 1er après J.-C.

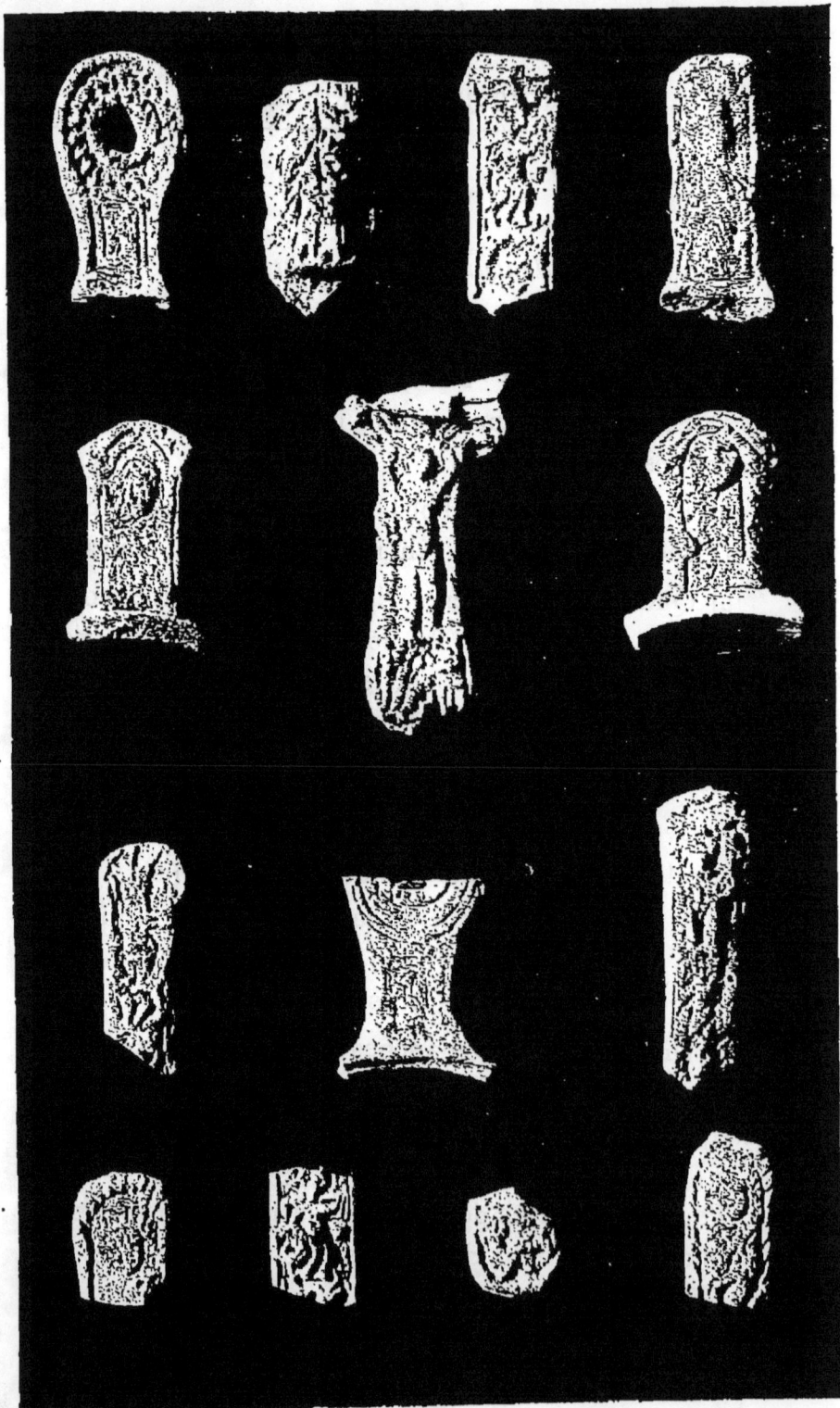

36. — Manches de cassolettes

3. Terre sigillée romaine et gallo-romaine :

a) Fonds de plats ou de coupes décorés de zones concentriques avec, estampé au milieu, le nom du potier. Quelques-uns sont en grec : KAICY (892), TE (dans un pied droit), ΔAO C(cantonné dans les 3 coins du triangle), KEPΔOC (?509) ; d'autres en latin ATI-LOC (510, dans un pied droit), *Cn. Aleii* (1473), *Jucundus* (612), *Polli* (505), *Sereni* (dans un pied droit, 1605), *F. L. Titi* (1474), *Sexti Vibi* (dans un pied droit, 1608), *C. Vib(ienus)* (1211).

Ateius, Titus et Vibienus sont des fabricants d'Arezzo à l'époque d'Auguste et de Tibère, peut-être aussi Kerdon s'il est identique à Cerdo, l'esclave du grand fabricant arrétin M. Perennius ; un Jucundus et un Paullus sont connus dans la fabrique de La Graufesenque au dernier quart du Ier siècle.

b) Comme pièces ornées, quatre fragments de rebord à guirlandes et un angle d'un grand plat décoré d'une tête de Bès (516) ; un fragment très fin montre un loup dévorant un homme.

4. Fragments de vases et d'aspidisques (petits boucliers ronds votifs ou décoratifs). Les vases ont le bas orné de feuilles de lotus ; sur ce bouquet est couché Harpocrate. Le dieu semble ainsi sortir d'une gerbe de lotus. Les aspidisques ont une guirlande au pourtour et une tête d'Harpocrate au milieu. Quelques autres vases minuscules de terre cuite, en forme de

grappes ou de jarre sont également des emblêmes d'Harpocrate. On a placé auprès une roue et un osselet (I, 553).

5. Poignards ou épées courtes au fourreau. Les pièces diffèrent par les poignées : pommeaux globulaires ou légèrement coniques, aplatis en demi-cercle, allongés en bec, ou modelés en tête humaine à barbe en pointe.

Ces épées en miniature étant du type classique pour les légionnaires, sont peut-être des ex-voto de soldats de la garnison. — Pourtant, elles pourraient remonter à l'époque hellénistique, puisqu'on en a trouvé à Naukratis dans des ruines qui semblent de cette époque.

6. On a réuni ici les moules en terre cuite (13 pièces). Ce sont :

Éléphant monté par deux personnes ; Harpocrate debout le sceptre en main ; jambes de grande divinité féminine nue (II, 37) ; tête de la même divinité à plusieurs étages de boucles ; une grande tête de Bès (I, 84) ; deux petits Bès (I, 491) ; une tête encore prise dans le moule ; une croix ; deux triangles opposés par le sommet ; une sorte de disque décoré (moule à gâteau ? cf. un exemplaire en pierre dans la vitrine IV) ; un tampon timbreur orné de spirales (II, 40).

7. Dix bouchons de jarres à vin ou à huile en limon du Nil ; il était jeté, humide, dans le goulot de la jarre

(un y est encore pris, II, 1761). On les estampillait au nom du propriétaire. Nous trouvons ainsi Primus L. Titus (93), Cresti (404), Ptolem. C. Norbanus (1471-2, 1603), Κλ. Λυκύρατθος (? 1470), Λ. Πίσωνος (1602), Βαρβαρίωνος (1868), Τιβερίου Κλαυδίου Σερήνου (1986).

Vitrine 7

Lampes au type de la grenouille.

La grenouille passant aux yeux des Égyptiens pour symbole de résurrection, son image fut naturellement adoptée pour orner les lampes où elle semblait garder le feu et en assurer l'éternité. D'abord figurée en relief, — la tête s'avançant dans le bec de la lampe et l'entonnoir s'ouvrant au milieu du dos, — la grenouille a subi les plus profondes altérations, par suite et de la stylisation inévitable et d'un travail de plus en plus rudimentaire. Si l'on ne pouvait retracer les étapes de cette déformation qui va jusqu'à décomposer la grenouille en deux embryons accroupis face à face, il serait souvent impossible de reconnaître le type originel.

Sur le symbolisme de la grenouille et du crapaud, qui remonte à l'Egypte primitive, cf. Capart, *Les débuts de l'art en Egypte*, p. 185 et Keller, *Kulturgeschichtliches aus der Tierwelt* 1906).

Vitrine 8

Lampes du type à bandelette ou à nœud.

Le choix de ce motif décoratif est sans doute dû au caractère magique du nœud qui se manifeste dès les origines de l'Egypte par les deux « nœuds de vie » *ankh* et *daït*. Le décor consiste essentiellement en une bandelette diversement disposée qui vient former sur le bec une sorte de nœud ou de croix ; elle est combinée avec des boutons, des cercles concentriques, des rainures isolées ou fasciées, des rameaux. Quand ceux-ci, au nombre de deux, divergent d'un bouton placé à la partie postérieure, il devient difficile de les distinguer des lampes déformées au type de la grenouille (le bouton serait la tête, les rameaux les pattes allongées). Ces lampes et les précédentes ont parfois des marques incisées sur le fond. Un relevé provisoire m'a donné, en dehors d'un rameau à une, deux ou trois paires de pousses latérales, les lettres suivantes : A — B — E — O — C, écrites sous diverses formes.

Toutes ces marques se retrouvent parmi les 376 marques de fabricants de lampes que Flinders Petrie a reproduites dans les planches de son *Roman Ehnasya* (1905).

Vitrine 9

Lampes diverses.

Cette vitrine contient des spécimens de séries plus rares. On remarquera :

1. Lampes égyptiennes en faïence bleue, remontant aux derniers siècles av. J. C. (4 pièces brisées).

2. Lampes de type gréco-romain en terre vernissée rouge ou noire : un ou plusieurs becs plus forts précédés d'un ornement en double spirale ou formant une belle palmette (On a aussi un lot d'anses des lampes de ce type).

3. Lampes circulaires également en argile fine vernissée avec cercle d'oves et même bec plus réduit. Ces lampes ont parfois le godet concave orné d'un relief : buste de Sérapis sur l'aigle (II, 301), buste d'Isis drapé (II, 1308, 501, 1373, 262), Harpocrate accroupi (4 pièces), un dauphin.

4. Lampes ornées d'un cercle de boutons ; les boutons sont soit isolés soit combinés avec des palmes latérales ou des rainures transversales; ils peuvent être combinés également avec des cercles concentriques ou de petits cercles disposés en réticules étoilés.

5. Lampes ornées de rainures auréolées ou fasciées, combinées ou non avec des méandres ondulés.

6. Lampes rondes à 8 ou 9 branches (II, 1000).

7. Lampes de dévotion. C'est à elles qu'il faut rapporter une série de protubérances ovoïdes ou coniques se détachant d'un fond convexe, et percées de deux trous, un à la face supérieure, un à l'extrémité de l'espèce de bec ou de corne qu'elles forment. Ces lampes, comme on le voit par quelques pièces de la série, étaient détachées au haut de socles portant des figurines de divinités en buste ou en pied; parfois, les membres de l'image sainte elle-même sont convertis en lampions : ainsi, une Isis-Minerve a ses moignons de bras transformés en lampions (II, 1360), un Harpocrate accroupi (II, 1729) porte sur les deux épaules et sur le genou gauche une veilleuse tandis que le genou droit est modelé en tête humaine. C'est donc l'équivalent exact des godets à huile ou veilleuses qui brûlent au pied des icônes dans les Églises d'Orient. Comme la plupart d'entre elles présentent cette grossière peinture en rouge et en blanc qui semble avoir été surtout en vogue lors de la décadence, beaucoup ont pu appartenir à l'époque copte (16 pièces).

Sur ces lampes de dévotion et les édicules à lampion de la vitrine VI, p. 95, voir S. Loeschcke *Antike Laternen und Lichthäuschen* (Bonn, 1910.)

8. Lampes chrétiennes, reconnaissables ou à une croix grecque placée sur le godet ou sur l'envers (II, 492), ou à un motif symbolique tel que le bon pêcheur (II, 529), ou à une inscription comme ΕΓΩ

EIMI ANACTACIC (Je suis la résurrection, I, 544)
K(υρι)**E CΩCON ME** (Seigneur, sauve-moi, I, 595).

Parfois, l'inscription est déformée au point que les lettres n'ont plus qu'un rôle ornemental comme on le voit pour l'écriture arabe. La formule déformée paraît avoir été **ΦΩC XY ΦENI ΠACIN** « La lumière du Seigneur luit pour tous ».

Peut-être faut-il aussi considérer comme chrétiennes quelques lampes où le bec est orné de deux signes en relief séparés par une flèche, signes qu'on peut lire : J.-C.

9. Peut-être aussi des lampes plus nombreuses où la bandelette nouée prend l'aspect d'une croix ansée ou d'une croix copte : la transition entre les deux symboles l'égyptien et le chrétien est souvent insensible.

10. Lampes en forme de bateau ; la flamme pouvait sortir suivant trois systèmes : 1° à la proue ou à la poupe ; 2° lorsque la barque était munie d'une sorte de cahute ou tente, comme la *baris* égyptienne, à l'abri de la protection que ce paravent lui assurait ; 3° lorsque les deux extrémités de la barque étaient garnies de figures —, souvent Isis et Sérapis en buste, chacun dans un *naos* — ce sont les sabords qui étaient munis de becs à lumignon. — Le symbole du bateau étant aussi bien chrétien que païen au pays du Nil, on peut hésiter pour l'époque.

11. Lampes rudimentaires : les unes consistent en

37. — Poterie pastillée

une sorte de petite vasque ou coupe dont l'argile a
été pincée pour former une veilleuse très simple ; les
autres en un vase en sphère aplatie, sans ornement,
avec col, anse et bec ; l'huile était versée par le col,
la flamme sortait au bec (10 pièces).

On a placé dans cette vitrine une « ampoule de
St·Ménas ». Ces fioles, dont la forme dérive de celle des
« bouteilles de pèlerins », étaient destinées à contenir
quelques gouttes des huiles saintes qu'on entretenait
aux tombeaux de certains saints. Le plus célèbre de ces
pèlerinages en Egypte était celui du monastère élevé
sur le tombeau de St Ménas dans le désert Maréotique,
à l'Ouest d'Alexandrie, au lieu dit aujourd'hui Karm-
Abou-Mine qui a été fouillé de 1905 à 1908. Les am-
poules semblables à celles-ci y ont été trouvées par
milliers : le Saint du désert est représenté bénissant
deux chameaux agenouillés.

Cf. M. Ramsay, *Proceedings Soc. bibl. Arch.*, 1907, et K.-M.
Kaufmann, *Der Menas tempel* (Francfort, 1909).

Quand la place le permettra, on exposera dans une vitrine
spéciale la *poterie arabe vernissée*. — Comme teintes, les bleus,
verts et jaunes dominent. Dans les bleus vifs, la distinction
d'avec les tessons de faïence égyptienne n'est pas toujours fa-
cile ; elle se manifeste surtout au toucher, la faïence égyptienne étant à surface granuleuse, la poterie arabe à surface
lisse.
Le décor consiste ou en bandes droites ou sinueuses, inégales
de dimensions et de direction, ou en arabesques dérivant soit
des lettres, soit d'éléments végétaux. Le décor peut être ou,
posé au pinceau avant la cuisson soit de niveau avec le fond,

soit plus ou moins en relief ; il peut être incisé, l'incision pouvant être plus ou moins profonde, et être ou n'être pas remplie d'une couleur distincte. Le décor peut être ou plus foncé que le fond (brun sur jaune, bleu, violacé ou doré sur gris bleu, noir sur bleu) ou plus clair (jaune clair sur brun) ; très souvent les faces interne et externe sont peintes différemment.

La meilleure partie de cette poterie a sans doute été fabriquée à Kous (*Apollinopolis Parva*), à deux heures au sud de Koptos, la ville qui l'a remplacée à l'époque arabe.

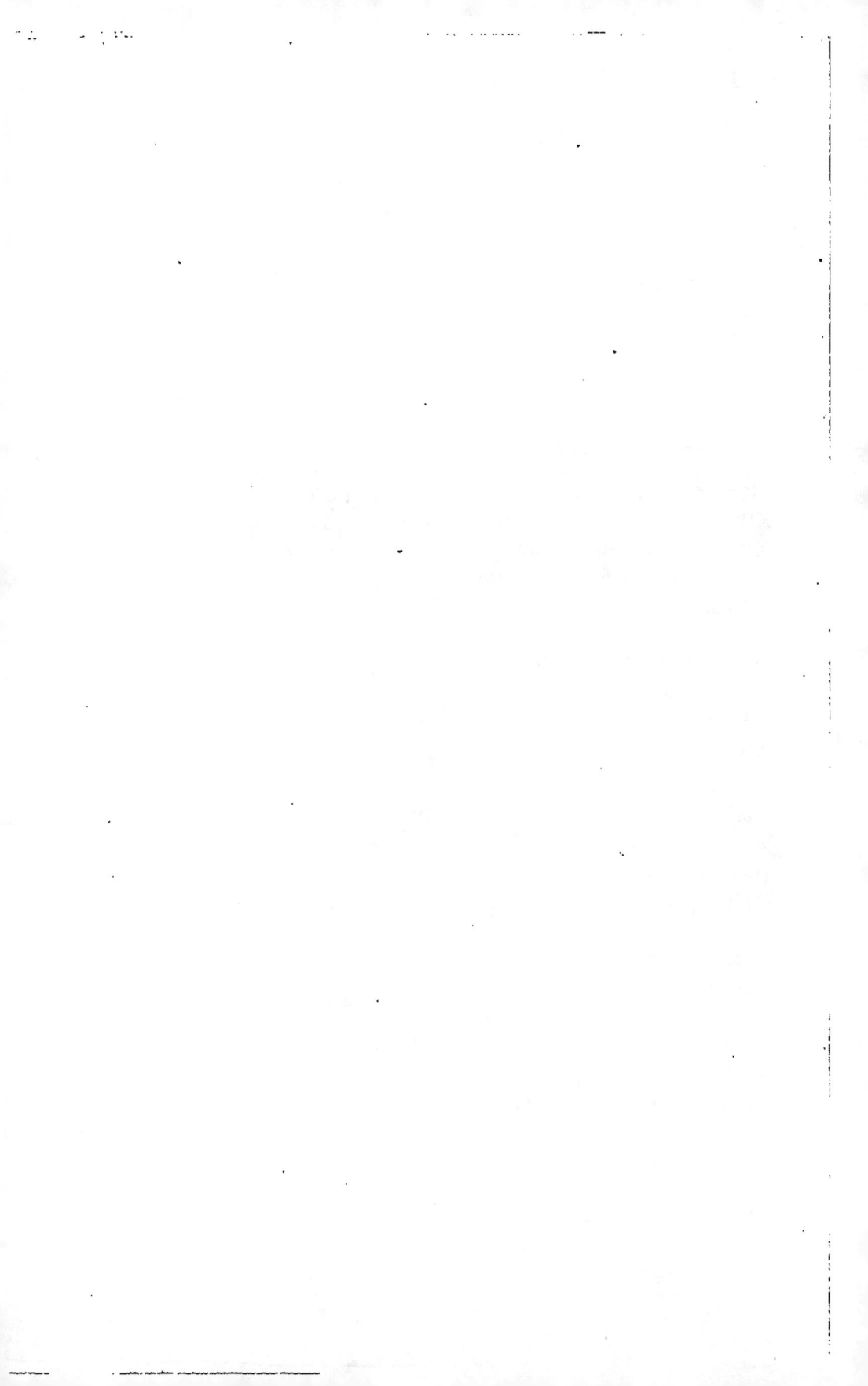

INDEX DES ROIS ET DES DIEUX

Chalon-s-Saône, Imp. Française et Orientale, E. Bertrand   788

www.ingramcontent.com/pod-product-compliance
Lightning Source LLC
Chambersburg PA
CBHW070807290326
41931CB00011BA/2161